且行且思——教育专业研究生读书札记

主　编　付八军

副主编　李　慧　唐　琼

浙江工商大学出版社

ZHEJIANG GONGSHANG UNIVERSITY PRESS

·杭州·

图书在版编目（CIP）数据

且行且思：教育专业研究生读书札记／付八军主编；李慧，唐琼副主编． — 杭州：浙江工商大学出版社，2023.4

ISBN 978-7-5178-5332-9

Ⅰ．①且… Ⅱ．①付… ②李… ③唐… Ⅲ．①教育—文集 Ⅳ．①G4－53

中国国家版本馆 CIP 数据核字（2023）第 002375 号

且行且思——教育专业研究生读书札记
QIE XING QIE SI——JIAOYU ZHUANYE YANJIUSHENG DU SHU ZHAJI

主　编　付八军

副主编　李　慧　唐　琼

责任编辑　沈敏丽
责任校对　何小玲
封面设计　朱嘉怡
责任印制　包建辉
出版发行　浙江工商大学出版社
　　　　　　（杭州市教工路 198 号　邮政编码 310012）
　　　　　　（E-mail:zjgsupress@163.com）
　　　　　　（网址:http://www.zjgsupress.com）
　　　　　　电话:0571—88904980,88831806（传真）
排　　版　杭州朝曦图文设计有限公司
印　　刷　杭州宏雅印刷有限公司
开　　本　710mm×1000mm　1/16
印　　张　12
字　　数　190 千
版 印 次　2023 年 4 月第 1 版　2023 年 4 月第 1 次印刷
书　　号　ISBN 978-7-5178-5332-9
定　　价　55.00 元

序：献给自己的礼物

身体的成长，需要进食；精神的成长，需要读书。勤读书与乐读书的人，就是找到进步秘密武器的人。尽管他们或许在地位上并不显赫，在物质上并不富裕，但他们的内心世界是充实而又丰富的，有着不一般的安然自若与高雅享受。我坚信，能从阅读中找到乐趣的人都是幸运的。尤其作为教师，就应该在读书中生活，将读书视为生活的重要组成部分。教师不读书，如何教出爱读书的学生呢？教师不能享受读书，如何让学生感受到读书的快乐呢？学生苦读固然有其必要性，但能让学生乐读岂不更有价值？当读书变成习惯，不读书就会让我们不习惯，所以读书就是能够带来快乐的；当读书变成习惯，教学就会有活水源泉，所以读书也是教师享受教学的基础。确实，每年同样的课程，都讲一样的内容，缺乏新养料或者新思想，这样的教师怎么能找到教学的乐趣呢？因此，人要读书，教师更要读书，未来的教师必须培养乐读的品质。

不仅要喜欢读书，而且要善于读书。通俗地说，就是要会读书。对于在校成年学生而言，会读书至少要做到三点。第一点便是选择读什么书。当前，不是书太少了，而是书太多了。走进书店，新书数不胜数。几天再去，又会更新一批。我们要读经典，这些穿越历史时空的著作，能让我们获得知识与智慧。然而，时代在进步，与许多物品迭代更新一样，著作也在不断迭代更新。随着社会的发展，不仅书多，而且好书也多。如果在校成年学生还不知道自己应该读哪些类型的书，不知道吸收榜样或者优秀人物的读书意见，那么他们就会迷失在茫茫的书海中。毫无疑问，广博是基础，但是，没有专精或者说"塔尖"的广博在今天难有建树；反之，专精是方向，但是，没有广博或者说"塔基"的专精则摇摇欲坠，行之不远。每个人的情况不同，会读书的人有自知之明。这个自知之明，包括懂得向他人请教，接受贤者或者尊者的指引。

"会读"除了"择书"外，另外两点便是"汲书"与"用书"。所谓

"汲书"，就是汲取书中养料，包括知识与思想等。数学家华罗庚先生认为：书越读越厚，再越读越薄。这个读薄的过程，就是汲取与提炼的过程。真正把一本书读进去了，我们把书合起来，闭上眼睛一想，有时就能用几句话概括出来。"汲书"的初级阶段甚至也是常用的手法，便是抓住书中精辟或者精彩的句子。我的系列读书报告，其实主要目的之一正是出于该种"意图"的"汲书"。除了"择书"与"汲书"，我认为还要学会"用书"。"书"是间接经验，但背后是丰富多彩的真实世界。一个人读书真正读进去了，是能从水平如镜的字面看到凹凸不平的世界的。因此，会读书的人，不会读死书、死读书、把书读死，而是读活书、活读书、把书读活，最终能够通过看不见的观念、思想，甚至看得见的操作方法在现实生活中对书本内容加以运用。

上个学期，我给教育硕士研究生开设了"教育名著"课程。从职业预期而言，他们就是明天的教师。我要让他们相信，在他们的心中，教师是爱读书的。而且，教师不仅乐读，还要善读。我将自己读书的三要点告诉他们，那就是"择书""汲书"与"用书"。在他们的读书报告中，我难以发现他们能否"用书"。但是，我却能大体把握他们的"择书"与"汲书"。于是，在学期伊始，我让他们自己选择一本教育著述，认真研读，然后在学期末提交一篇读书报告。为了让读书报告有一个大致的规范，我把自己的读书报告拿出来与他们分享，希望他们遵循如此体例撰写各自的读书报告。绍兴文理学院教师教育学院 16 位 2021 级的教育硕士研究生，写出的这 16 篇文章，就是他们迈上读书之道的新起点与新征程，是他们献给自己的一个阶段性礼物。我帮助他们出版出来，就是要给他们鼓励与支持！

是为序。

付八军

2022 年 10 月 9 日于福师大康山里新村

目录

教育之路，且行且思

——读《做一个学生喜欢的老师：我的为师之道》 李 慧

摘要：于永正老师认为，做一个学生喜欢的老师首先应具备性温、味甘、包容和调和的"甘草"特性，在理解学生的基础上包容学生；其次，不以长者自居，不居高临下俯视学生，放下架子、蹲下来看学生，努力在教学中实现"平等对话"；再次，作为一本学生天天看的无字之书，教师要严于律己、以身作则，重视行不言之教；同时，还要尊重、热爱学生，让每个学生都感到自己被老师喜欢，如此，便能赢得学生的尊重和喜爱；最后，阅读和写作是教师专业成长的双翼，以读促写、读写结合，每位教师都应将读写培养成一种生活习惯。总之，就如何做一个学生喜欢的老师，于永正老师用他的行动告诉我们：用童心润童心，用真情换真情，用行动推行动，用激励促成长！

关键词：教育文集；《做一个学生喜欢的老师》；为师之道；于永正；阅读

全国著名特级教师于永正老师是教育部"跨世纪名师工程"向全国推出的首位名师。第一次认识于老是通过学校组织观看的公开课《草》。通过这堂公开课，我被于老身上伟大的人格魅力所折服。他严谨的治学态度，与孩子们平等的对话交流，对教材的烂熟于心，在我的心中留下了很深的烙印。回去后，我从网络上搜集于老的相关资料，发现除了上千场优质公开课、教学实录，于老还发表过百余篇文章，出版过多部教育著作，《做一个学生喜欢的老师——我的为师之道》[①]就是其中一本。这本书被于老称

---

①　于永正著，教育科学出版社 2014 年版。下文未注明出处的引用均来自该书。

为《于永正文集》中的"封笔之作",是于老从教五十多年的较为全面的总结。虽然于老在这本书中阐述了自己的教育理念,但绝不是枯燥无味、晦涩难懂的理论指导,而是通过自身经历,再结合教学实例来向我们表达他是怎样做一个让学生喜欢的老师的。文中语言时而生动有趣,时而诙谐幽默,时而发人深省,给人亲切自然之感,仿佛他是坐在对面与你侃侃而谈的老友。合上书本,其中几点深深地触动了我的心灵。

一、做"甘草",不要忘记自己曾经是个孩子

于老师被朋友喻作"甘草",拥有性温、味甘、包容和调和的特性,其中的包容特性最让我受启发。"我从来都不是抱着'治'学生的态度,而是抱着'接纳'学生的态度。"P10 "至于对待学生,我会更包容。"P9 在面对由几所民办小学拼凑起来的、多任教师都束手无策的"特殊班级",于老用了两三天时间就让学生们安静下来了,秘诀在于"以柔克刚",所谓"柔"就是不先"晓之以理",而是先"动之以情"。P10 就这样,于老用他动情的朗读和热情的鼓励"征服"了学生,使他们的心柔软起来,安抚了他们被"文革"乱象扰乱的心,唤醒了他们内心深处的求知欲望。

包容学生,这是我们老生常谈的话题,然而等到事情发生在我们身上时,我们却又将之抛于脑后了。"为什么这么简单的题目都不会?""这个知识点我已经说了多少遍了?""你为什么会做出这样的事情?"一直以来,我们对孩子、对学生的要求太高、太苛刻。为什么总是非得要求学生、孩子和老师、大人们相似?深思原因便是缺乏理解。在此,于老在书中呈现的一段师生对话让我感触颇深。"于:怎么来晚了? 这对你来说,还是第一次呢! 丛:睡过头,起晚了。于:早饭没来得及吃吧? 丛:没。于:(凑到丛的耳边)下课后到办公室,我抽屉里有饼干。丛:谢谢老师! 不过,我不吃。于:必须吃! 你妈妈多次对我说,你对吃饭很不当一回事。"P11 学生上学迟到是极其普遍的现象,如何处理便体现了教师的教育理念和智慧。对比于老推己及人的处理方式,我实在是自愧不如。在我任教期间,几乎每周都会遇到这样的情况,而我总是在严厉地批评一番后,还让学生在门口罚站。有一次,因为自己心情不好,再

加上这位同学已经连着迟到两天，我极度恼火，不允许他再进校门。现在回想起来，追悔莫及。正如于老所说："迟到了的同学何尝不爱面子？他们何尝不怕挨批？偷黄瓜的时候学生何尝不难为情？何尝不怕老师'揭老底'？"[P12]而我，却选择了这种最愚蠢的处理方式，这该给这位学生留下多大的心理阴影！

"'包容'的前提是'理解'，'理解'的前提是'不要忘记自己曾经是孩子'。"[P11]事实上，我也有过上学迟到的经历，而我的做法远不如事件中的那位学生，我非但不敢在门口喊一声"报告"，还偷偷地坐在隔壁空教室等待，等到中途下课，同学们都让我赶紧进来的时候，我仍旧不敢。试想我如果遇到的是同我一样的老师，我会怎么样？是不是也被老师当着全班同学的面狠狠地批评一顿，然后罚站一个早自习？又或者直接被老师不允许进校门？写到这里，我感到无比自责与愧疚，如果我能早些读到这本书该有多好！或许我就懂得站在学生的角度去思考他们的想法，了解他们如此行事的原因，再寻找恰当的时机和语言来处理，而不是大动肝火地一味批评！在此，我真想对那位学生说句对不起！

二、是师非师，"蹲下来"看学生

"亦师亦友"一直是我所追求的师生关系。然而，在传统观念中，"师道"总是与"尊严"联系在一起，老师的举手投足总带着"人师"的味儿，半点也苟且不得。庄重圣言，凛然可畏，仿佛就是教师永恒的标准形象。久而久之，我们似乎就有了一个放不下的"架子"。可能也正因为如此，教师就端居于圣坛之上，学生就在讲台之下仰视。于是乎，我们的教育就没有了民主、平等，失去了亲近、自由，缺少了和谐、欢愉。所以，当在书中看到于老提出的"是师非师"时，我不由得产生了强烈的共鸣。"不要'太像老师'。那么，'不太像老师'的一面像谁？像儿童呀！我们应具有儿童的天真、稚气、善良、活泼、好奇，乃至于'调皮'，甚至有时候装作'什么都不知道'。一句话，我们身上要有点儿孩子气。"[P49]"我为什么不能和学生开玩笑？在学生面前，我为什么要满脸肃然？为什么不能和学生一起做游戏、演课本剧？"[P50]"在活动中，在课间，在学生眼里,我只有一个身份——大朋友。"[P40] "总之,我要求自己走下讲台,走到学生中间去,和学生打成一片,与学生平等相处。"[P40] 为此,于老对自己约法三章:第一,不背手;第二,主动和学生打招呼;第三,课间和学生一起玩;第四,到学生家里走走;第五,经常讲故事和笑话;第六,幽默;第七,努力让微笑成为自己的名片;第八,做值日;第九,一旦做错了事,公开承认自己的错误;第十,定期征求学生的意见和建议。[P39-40]

这让我不禁想起自己的教学经历。

那是一个炎热的午后,原本我打算让学生做一份模拟卷,但是看到学生的满脸倦容,想到近段时间为了赶教学进度,学生的学习任务异常重,每天都面临着堆积如山的作业,甚至就连平时最喜欢的技能课也被占用,我不由心疼万分。于是,我提议这节课全班一起到操场上做游戏。也许是幸福来得太突然,大家都难以置信,甚至一再向我确认:"李老师,我们真的可以不上语文课,出去玩吗?你和我们一起玩吗?"得到我的确认后,全班同学都欢呼起来!回想起那堂课,我仿佛还能听到我们在操场上的欢声笑语,还记得当时在玩丢手绢时,一个学生跑着跑着突然扑向了我,然后两个三个……越来越多的学生涌向我,把我围成圈,手拉手地转着圈唱歌给我听。下课后,学生们还贴着我、拥着我说:"李老师你真好!我们以前的陈老师从来没有带我们玩。""李老师,下次玩游戏我们还可以叫你吗?"玩是孩子的天性,儿童的成长需要游戏。拿出一堂语文课的时间让学生去玩,对学生而言本是一件很意外的事情,再加上能够与老师一起玩,必然是更加惊喜。从那之后,我经常会在课间抽出时间和学生一起玩,甚至还会请教班上的"乒乓小将"教我打乒乓球。师生关系是平等的,当我放下架子,不以长者自居,不居高临下俯视学生,而是"蹲下来"看学生,与学生实现平等对话的时候,我发现学生越来越亲近我,我的教学工作也越来越容易开展。

"我愈和学生相似,学生愈亲近我……我们必须会变成小孩子,才配做小孩子的先生。"[P61] 于老的这番话,我深以为然。临近期末,学生的作业负担越来越重,我的工作任务也越来越多,每天不是在上课,就是在批改作业。为了能够及时对学生进行针对性的反馈,我常常在教室当堂批改作业。有次课间,当我批改完全部作业后,我的心态差不多也崩了,巨大的压力让我想要大声宣泄,但是碍于环境特殊又不得不控制,我感到又好气又好笑,于是我就学着学生的样子,重重地趴在桌子上,耷拉着脑袋,高高地举起双手喊道:"哎呀,我真是太累了,哪个好心人能帮小李捏捏手呀!"话音刚落,课代表第一个火速冲过来。学生之间是会学样的,当看到课代表帮我捏手,其他同学也纷纷向我伸出"援助之手",有帮我敲背的、按腿的、扇扇子的,有贴心地把橘子剥好递到我嘴边的,还有个别小机灵鬼见自己插手不了,开始学着大人说话:"你们呀! 平时要听话一点,作业认真做,把字写端正,李老师批改作业可是很辛苦的!"记得有个学生对我说过:"李老师,您怎么跟小孩一样!"当时听来没觉得什么,现在想来便觉感恩,就像于老在书中所说:"教了五十多年书,最终却把自己教成了孩子。"^{P70}感谢我所教的每一个学生,愿意接纳我,与我融为一体,而当师生融为一体时,教育真的是一种幸福!

三、行不言之教

《道德经》中说:"圣人处无为之事,行不言之教。"《论语》中也有"无为而治"的说法。于老的"不言之教"指的是"身教"。"身教重于言教",这是教育者的共识。为什么"身教"的力量和影响,比"言教"大得多、深远得多?"因为,'在达到理智年龄以前,孩子们不能接受观念,而只能接受形象';因为,'身教'无痕。教育一旦'有痕'——让学生感到你是在'教育'他的时候,十有八九,效果不彰;因为,教育有'说服'和'看服'之分。前者为有声语言,后者是无声语言,即人们说的'事实语言''行为语言'。"^{P72}不言之教的真谛是实现学生的自我教育,引导其开悟。无为是教育的目的,就是提高受教育者的悟性。这一过程是因势利导,是教育者的无为,促使受教育者的有为。我们都知道,学生具有向师性,老师一旦出现在他们面前,他们的目光就像雷达似的,无时无刻不在追随着老师,并不由自主地、潜移默化地模仿老师的行为,因为在他们心目中,老师就是光辉的榜样,他们觉得跟着老师走就无比的快乐和光荣。因此,作为老师,一定要严于律己,以身作则,时刻注意自己的言行举止,注重言传身教。

"老师就是一本教科书——一本学生天天看的无字之书。"[P71] 我深以为然。记得我上小学三年级的时候，班上来了位新的语文老师——林老师，短头发，圆圆脸，体形微胖、肤色偏黑，大家都不喜欢她，只觉得她土里土气。但是经过后来的点滴相处，大家对她的看法彻底改变，愈发亲近她。那是一次全校大扫除，中午放学前，班长按照惯例向各组组长分配了任务，要求中午回家做好物资上的准备。这时候，林老师一本正经地问班长："班长大人，下午我的任务是什么？"大家都诧异万分，难道老师也要加入我们？班长一下子没有反应过来，林老师微笑道："那我就负责擦玻璃吧！下午我会带上抹布和卫生纸，准时参加。"下午，当同学们三三两两走进教室的时候，林老师已经撸起袖子，猫着腰在擦窗户了。许是被林老师的行为激励到，那天下午同学们干得热火朝天！"只有人格才能影响人格的发展和形成，只有性格才能铸造性格。"[P73] 榜样的影响作用确实是巨大的、深远的。在我从教后，林老师以身作则的事例总是会浮现在我眼前，提醒着我也要如此行事。有一次午休，我突然得知下午有卫生检查，这突如其来的通知着实让我一下子蒙了。刚上完美术课，教室现在肯定是乱糟糟的，如果现在不打扫，卫生检查肯定不能过关，可现在又是午休时间，学生都回家了。时间紧迫，我只好一个人拎着水桶，拿着扫把和簸箕干了起来。时间一分一秒地流逝，校园开始热闹起来，同学们也陆陆续续地回到教室了。我还来不及发布指令，就已经有同学开始加入。"老师，我来帮您！""老师，我去倒水！""老师，您先歇会儿，我们来！"一个两个三个……擦黑板、扫地、拖地……越来越多的同学加入其中，没一会儿的工夫，教室就被打扫得干干净净。"其身正，不令而行。"通过这一次的大扫除，我再一次认识到"身教"的重要性。所以，从那之后，我给自己做了规定，每次大扫除都要以"普通一兵"的身份和学生一起劳动。

四、读写成就成长

读完此书，我最大的感受就是深刻地认识到了自己教学基本功的不扎实以及语文素养的缺乏。"字要会认、会写，文章要会读，话要会说，文要会写。会才是我们的目的呀！"[P141] "当学生的字写得越来越好、朗读越来越有味道、作文水平越来越高时,能不喜欢上语文课吗? 能不感到上语文课有意思吗?"[P141]由此可见,语文教学离不开"读"和"写",为了遵循多读多写的语文教学规律,于老一直身体力行。

首先是字。"当老师的(尤其是语文老师),能写一手好字,第一节课就能赢得学生的好感。"[P74]"我的老师和我的语文教学经验告诉我,写字的意义太大了,小学生要写好字。"[P74]于老强调练字要成为教师备课的重要内容,每课要求学生写的字,自己必先照着字帖练;要板书的词语,也要练,力求让板书的字成为学生的"字帖"。要琢磨每个字的间架结构,看准每笔的起笔、落笔,不把每个字练好,不会善罢甘休。不仅如此,于老的生字教学也是颇有意思。"女字旁的第一笔'撇点'要高起笔,点要写短。为什么要写短? 为了给右边的部分让出地方,在书法上,这叫避让。这样的女字,既苗条好看,又具有避让的美德,多么美呀!"[P119]这样的教学方法不仅提醒了学生在书写中值得注意的地方,而且还让学生产生恍然大悟之感,如此一来,学生就会愈发有悟性、有灵性,对语文学科也会产生浓厚的探究兴趣。

相比于老,我实在是羞愧不已。那是一次推门课①,课后,正当我颇为得意地准备接受赞美时,教研组长一语中的地指出我的板书不够漂亮,生字教学仅停留在"教"上。还有一次写字课,正当我在黑板上给学生书写指导"母"字时,突然被学生指出笔顺错误,我当场愣住,事实上我一直以来都是这么书写的,所以不明白哪里出错,怕被学生识破我的心虚,我故作冷静地说道:"老师是故意写错这个字的,就是想看看有哪些同学在认真听讲又能勇于指出。"误人子弟大概说的就是那一刻的我了吧。且不说"要给学生一杯水,教师要有一桶水",我连最基本的书写都有误,更糟糕的是我还不敢承认自己的错误。

其次是朗读。于老一再强调朗读的重要性。"朗读文章——这是语文老师最见功底也最显才情的事。读得好,文章就成了老师'自己的'了。学生就能把老师看成作者,这是语文教学成功的一大秘诀。"[P79]"窃以为,把课文朗读好了,什么语言呀,理解呀,情感呀,语感呀,表达呀……都有了。"[P120]"语文教

---

① 推门课:学校领导、教研员不事先打招呼而进入教室听课的一种教研管理方式。

学一定要十分重视朗读。"P120

这让我不禁想到我的高中语文老师,在他的课堂上总是不乏朗读。虽然他没有讲什么朗读技巧,只是一遍一遍地读给我们听,然后让我们一遍一遍地跟读,但是正是这样的反复朗读,让我们更好地走入人物内心,产生情感的共鸣。还有一次是听一位名师的公开课。课堂上,这位老师并没有过多地讲解课文内容,而是通过各种形式的朗读,引领着学生一步步走近文本,有时候读到动情之处还会手舞足蹈,整堂课下来,只觉得美得妙不可言,实在是一种享受!

有人研究,如果学生能够正确、流利、有感情地把一篇课文朗读下来,课文的规范语言就基本上属于他了。然而在现今的语文教学中,很少能听到师生像样的朗读。教师的示范朗读以多媒体替代,即便有,也不过是例行公事地匆匆走过场,学生只是被动地参与朗读,没有心灵的碰撞和情感的荡漾。学生学习课文,归根结底,是学语言、用语言的。既然朗读能够学得语言,我们就没有任何理由忽视朗读。那么,教师应该如何提高自己的朗读能力?于老在书中也分享了自己的经验——模仿。"我的朗读能力一半是听来的,一半是跟着老师、播音员练出来的。听别人读非常重要。然后跟着模仿,一句一句地学。模仿到一定程度,他们的语气、语调乃至情感,便化而为自己的了。"P120因此,老师们一定要多听、多模仿。语文学习,许多方面都是从模仿开始的。儿童如此,大人也不例外。

最后是写作。除了写好字、读好书,于老还主张要写好文。"我特别想让我的学生学会运用文字,并养成习惯,在他们的人生旅程中,能'毫无顾忌地在文字里驰骋',能用文字为自己营造出一片完全属于自己的'天堂',让娴熟的语言文字运用的功夫成就他们的未来。"P145为此,于老努力把作文课上得有意思,希望能让学生对写作产生兴趣,并养成操笔为文的习惯。而写下水文是于老认为的最好的作文备课,一下水,什么都明白了,既能示范,又可激励。反观今天,大多数语文老师从来不愿写,甚至根本就写不好下水文。事实上,语文教师会写、善写应该是分内事,就如同美术教师画画、音乐教师唱歌一样,写作本是语文老师才华的外现,是检验一个人文化素养的标准。不会写作的语文老师,是不称职的语文老师。叶圣陶先生说过:"唯有教师善读善写,乃能引导学生善读善写。"因此,写得一手好文章是语文教师最基本也是最重要的素质。实在难以想象,一个语文老师自己不能写,却去指导学生写作文;自己构思不出一篇文章,却能让学生去琢磨文章的写法。

事实上,教师的阅读和写作,不仅对工作有好处,对人生也有好处。在该书的多处地方,都体现了于老的这一理念。"读和写是我教育、教学不断进步的双翼。读与写的过程,是不断肯定自己、激励自己的过程,同时也是不断反省自己、否定自己的过程。在这样一个往复循环的过程中,让自己的实践有了智慧,有了理性,使自己的路走得越来越正,越来越直了。"P2"一个人无论从事何种职业,凡做得好的,尤其是做到高端的,无一不是喜欢读书、写作的人。翻开各类报刊,好多有真知灼见、真情实感、发人深省的文章是出自这些人士之手。……因为凡有读写习惯的人,他的观察力、思考力、感受力、想象力以及他的理念,一定会高人一等。"P145正是因为乐读善写的习惯,于老发表文章百余篇,出版多部著作。由此可见,读和写的作用不容小觑。

然而,仅仅就"读"来说,当前国人的阅读情况实在不容乐观。2021年4月23日世界读书日前夕发布的《2020年度中国数字阅读报告》显示:2020年全国阅读指数同比提高0.17个百分点。看似国民阅读量增加了,但当整个社会的阅读能力和广度都在提升,获取信息的渠道越来越多时,这样的增加是否显得太过单薄?据媒体报道,中国人年均读书0.7本,与韩国的人均7本、日本的人均40本、俄罗斯的人均55本相比,中国人的阅读量少得可怜。中国是一个有着全世界最悠久阅读传统的国家,但现在的国人似乎很难耐心地坐下来读一本书。高铁上、飞机上,环顾四周,你会发现大部分人要么是在低头玩手机,要么是在打瞌睡,鲜有看书的人。

不仅如此,更令人担忧的是,当人们获取信息的渠道越发快速便捷时,那种啃骨头的精细深度阅读俨然开始淡出视线,浅显易懂的快速阅读反成了大势所趋。然而这种不需要深度思考、几秒钟就能获取到答案的快速阅读很容易让我们的大脑产生兴奋的错觉,让人觉得"原来就是这么简单的一回事"。久而久之,我们的依赖性变强,缺少主动思考的能力,我们总是希望别人能直接给出答案,却很少安心下来自己去查阅相关的书籍来获取答案,而当三言两语得不到自己想要的东西,又急躁地另寻他处。扪心自问,我又何尝不是这样呢?暑期买的两本书被我草草翻了几页后就扔到书架上,床头的《读者》也早已积灰。我们到底是从什么时候开始,已经不能耐心地看完一本书;又是从什么时候开始,一有问题就下意识地求助互联网,渴望从短视频中最快速地获得想要的答案。

"劳于读书,逸于作文。"[P188] 多读方能促写。然而当阅读缺失的现象越来越严重、"快餐式"阅读成为常态时,我们又要从何下笔呢?还记得读中学那会儿,QQ是我们唯一的社交软件,每天最快乐也必做的事情就是在QQ空间上发表日记,长的、短的、流水的、抒情的,都会被一一记录下来,然后满心欢喜地期待着好友的评论,并一一热情地回应。然而不知道从什么时候开始,这样的习惯慢慢消失了。且不说每天坚持写日记,就连有时候有突如其来的想法都懒得记录,语言的组织和表达仅仅停留在朋友圈的文案上。久而久之,我们的语言极度匮乏,当心血来潮地想编辑一段文字时,总觉得有心无力。

五、要求学生做的,我首先要做到

"要求学生做的,我首先要做到。"[P85] 这是于老对自己的一条规定。反观当今社会,大多数老师和家长对孩子提出的要求连自己都无法做到。之前刷到一个视频,主人公是一个5岁的小孩,他一边哭,一边疯狂念叨自己的爸爸:"全家就你不学习,还玩手机,天天都让我们学习,就你没学习,妈妈都在那么认真地看书。你自己有学过吗?乘法口诀表你都不会,你还让我读这么难的。就你会在家里那么早睡觉,还晚起。你还老玩你手机上的游戏。"孩子的话有理有据,且引人深思。事实上,这仅仅是亿万家庭的一个缩影。就我所知,在我所带的班级里,就有不少家长都是睡到早上八点起床的,却要求孩子七点起床;不让孩子玩手机,而自己每天见缝插针地玩;和孩子说一天只能吃一根冰棍,可自己却经常连着吃两根;要求孩子讲卫生,自己回到家却袜子乱扔。为什么自己都做不到的事情,却要求孩子做到?我们在要求孩子上进的时候,自己又做了些什么呢?我们是否扮演好了孩子背后支持者的角色?是否也在努力呢？

　　育儿先育己，若真想孩子上进，我们自己首先要做到。就如于老所身体力行的："每课要求学生写的字，我必先照着字帖练；要板书的词语，我也要练，力求让板书的字成为学生的'字帖'。"^{P74}"我备课除了练字，还练朗读。不把字练好，把课文朗读好，我凭什么走进课堂？凭'教案'？套用孩子的一句话——打死我也不敢！"^{P77}"我要求学生写的作文，我几乎都先下水。一下水，心里什么都明白了，什么难易深浅、起承转合，都在我心里了。了然于心，成竹在胸，走进课堂就有底气。如果哪一次没写下水文，心里总觉得欠了点什么，有一种失职的感觉。"^{P79}

　　许是受小学老师的影响，在教育工作中，我也始终坚持这一原则。在我代班期间，我要求学生早读七点四十分到班，自己承诺做到和学生一起到教室，当学生看到我已经在教室，自己之后才来时，尽管没有迟到，他们内心也充满内疚与自责；要求学生早读大声朗诵，自己也在早读时间拿上书与学生一起诵读，当学生看到我以一种饱满的状态在读书时，他们也会更加有激情，有动力；要求学生时刻注意环境卫生，自己在看到垃圾时也主动捡起，当学生看到这样的场景时，他们一方面会更加注重个人卫生，另一方面也会主动去保护环境。"要求学生做的，我首先要做到。"日常的说教带给学生的只是一时的冲击，但是身体力行带给学生的是潜移默化的长久影响。这样的榜样示范远比在教室里"河东狮吼"来得更加有力量，也更加有说服力，同时也让学生从内心深处对自己进行反思，自觉向老师看齐。

六、让每个学生都感到我喜欢他

　　我曾拜读卡耐基先生的《人性的弱点》一书，阅读后最大的感触就是：人类最渴望得到的就是外界的认可与尊重，而当这种渴望得到满足的时候，一切事情都会顺利很多。因此，"永远别忘了让别人感受到他的重要性"①。这与于老在书中所说的"让每个学生都感到我喜欢他"其实有异曲同工之妙。

---

　　① 戴尔·卡耐基：《人性的弱点》，殷金生译，江西人民出版社2002年版，第66页。

"每个学生——不管是低年级的还是高年级的,无论是男生还是女生——都十分在意老师是否注意他,十分在意老师对他的态度,内心深处都渴望老师喜欢他。"P25 其实不仅仅是学生,我们成年人也是如此,在工作中、生活中以及感情上,我们总是渴望得到别人的认可和重视。我看过一则新闻,有一位年轻妇人,自知此生已无结婚希望,面对未来孤独一生的可能,不禁懊恼万分。结果她索性往床上一躺,再也不肯起床,任她那年迈的母亲为她侍奉汤药长达 10 年之久,直到母亲劳累病逝,才又面对事实,起床整装,重新开始过正常生活。不仅如此,更有甚者还会借着发疯,来寻求他们在正常生活中无从获得的受重视的感觉。回到教育中,其实也是如此。一个读二年级的女孩,一天放学回家后对妈妈说:"妈妈,明天我不去上学了。""为什么,孩子?""今天上课老师没向我提一个问题,甚至没看我一眼。"是不是女孩小心眼,感情细腻而脆弱?我想不是的,女孩仅仅是希望得到老师的喜欢和重视。由此可见,学生是多么在乎老师对他们的态度,是多么渴望老师尊重并喜欢他们呀!可是,要老师喜欢每名学生属实有点强人所难,但是"做出喜欢他的样子"则相对容易多了。"不强求你喜欢每个学生,但要做出喜欢他的样子。如果你的行为并不说明你喜欢他们,那你无论多么喜欢他们都没有用。但是,如果你的行为表现出你喜欢他们,那么,无论你是否真的喜欢也无关紧要了。"P25

那么,什么"样子"才是喜欢学生呢?首先是微笑,微笑是教师的底色。有次课间,有学生偷偷跟我说:"李老师你笑得真好看,我喜欢你。"是呀,脸上有笑,学生就有亲切感,能感受到你对他的喜欢。其次是表扬,表扬最能让学生感受到老师喜欢他,所以对待学生,我从来不吝啬表扬,尤其喜欢表扬一些细节。比如:早读的时候,陈××坐得特别端正,声音特别洪亮;李××今天的作业完成得非常出色,而且字迹清晰工整;王××今天看到地上的垃圾,主动弯腰捡起。这不仅能让被表扬的孩子信心满满,从而主动地对自己提出更高的要求,而且表扬一个孩子还有额外收获,那就是其他同学的竞相模仿。再次,就是和学生近距离接触。比如和他说一句悄悄话,看到他的红领巾挂歪的时候轻轻帮他拨正,看见他的领子没翻好就帮忙翻翻,当他取得进步的时候,摸摸他的头。当我做这些动作的时候,有些学生还会有些害羞,但是我发现，他们跟我说话的次数多了起来，可见，这些无声的小动作，拉近了我与学生的距离。除此之外，还有很多方法和技巧都可以让学生感受到你的喜欢。但是，我想说的是，教育没有纯方法、技巧类的东西。正如于老在书中所说："教育上的水是什么？就是情，就是爱；教育没有了情爱，就成了无水的池。任你四方也罢，圆形也罢，总逃不出一个空虚。"[P35]方法、技巧的背后都有一个"情"字在做支撑。

"我的一生是由这样的无数像土砖一样的小事筑成的。但是，就是这么一堆近乎琐碎的'喜欢学生的行为'，却赢得了学生的尊重与喜爱。"[P36]当学生感受到老师的喜欢，也会把这份喜欢和爱加倍地还给老师。他们会在你批改作业的时候围着你，会在你还未进校门时就与你大声打招呼，会在课间邀请你一起做游戏，会在你生日的时候送上亲手做的贺卡，会把他们的日常生活跟你分享……突然间，我觉得自己幸福无比，虽然有时也抱怨当小学老师有点辛苦，但仍然感谢这份职业，感谢我的孩子，让我在教育这条路上，始终有爱伴随左右。

"亲其师而信其道。"做一名学生喜欢的老师，是每个老师的追求。然而如何才能做一名学生喜欢的老师呢？在此书中，我找到了答案：只要心中永远有学生，真正让自己全身心地融入教育教学，这样的老师一定能收获学生的喜爱和尊重。最后引用于老的话："既然命运让我们做了教师，就让我们做学生最喜欢的老师，做最好的自己！因为生命于我们只有一次！"[P213]

快乐有法，教无定法

——读《斯宾塞的快乐教育》

唐　琼

摘要：作为一本引发教育革命的儿童教育经典，《斯宾塞的快乐教育》[①]一书被视为"教育孩子的教科书"。教育经典之所以经久不衰，是因为其中包含着隽永而深刻的教育真理。一百多年来，快乐教育的思想深刻影响着一代又一代家长与老师，《斯宾塞的快乐教育》也被列入家庭教育与师范生的必读书目。快乐教育的核心理念是让孩子在快乐的氛围中学习、成长。研究表明，孩子在快乐的氛围中学习更有利于记忆，不快乐的学习会抹杀孩子的天赋。对孩子进行快乐教育，教育者首先要注重对自我的修炼与反思，形成自我的教育气质，同时也要感悟科学教育知识独特的育人价值。在教育孩子这件事上，没有人真正有天赋。作为教育者，给孩子营造轻松愉快的成长与学习氛围需要我们投入更多的时间与智慧，在注重技巧的同时，也要修炼"内功"。快乐有迹可循，教育需投真心。

关键词：快乐教育；家庭教育；赫伯特·斯宾塞

最初拿到这本书时，封面上"快乐教育"四个大字尤为醒目。我脑海里闪过的第一个念头就是：快乐不是一件十分常见的事吗，怎么能跟教育方法扯上关系？快乐教育是否就是教人感到快乐的教育？自然，快乐教育这一主题很快地引起了我的兴趣，与其说是有兴趣，倒不如说是期望在书中寻到共鸣。我们每个人多多少少都体会过"不快乐"的感觉，在这样不快乐的心境下，营造快乐、捕捉快乐则更为难得、可贵。

---

① 　赫伯特·斯宾塞著，甘慧娟编译，北京理工大学出版社 2018 年版。下文未注明文献来源的引用均出自该书。

面对疫情，各行各业都在与新冠病毒"死磕到底"。医学与教育学虽然有着很大的区别，但二者都有"人"的学科温度，在"人"的这个出发点上是一致的。客观的环境既然存在，我们能做的就是尽人事。作为未来的教育工作者、妈妈，我期望通过《斯宾塞的快乐教育》这本书得出一些对疫情背景下快乐教育的思考，努力为学生和孩子营造快乐的童年教育氛围，形成快乐教育的意识，培养其捕捉快乐的能力。在带给孩子快乐成长的过程中，我相信，我们也可以感到很快乐。

一、快乐教育的秘诀

教育是世界上最特别、最奇妙、最千变万化的事情，同时，教育也是最坚韧、最牢固、最不会变化的事情。[①] 教育学的两大研究对象是人和社会。学过教育学的都知道，教育与社会之间不可割裂。因此，随着历史的变迁和社会环境的变化，教育的形式和内容也会有很大的不同，这是教育"变"的一面。另外，教育学的另一大研究对象是人，人的发展具有一定的规律，不同的时空中人的身心发展规律都具有潜在的一致性，这也是许多教育经典在经历时间、空间的沉淀和变迁后还能具有普遍意义的一大原因，这是教育"不变"的一面。斯宾塞生活在十九世纪的英国，他总结出的快乐教育法影响深远。

在书中，斯宾塞通过对小斯宾塞的成功的教育实践总结出了一套快乐教育的方法。对待自己的侄子，斯宾塞付出了全身心的爱和陪伴，最终将小斯宾塞培养成了一名出色的、对社会有极大贡献的人。爱是快乐教育的前提，更是教育的前提。对孩子的爱会让我们在教育时多一点耐心，也会让我们在教育孩子这条路上想方设法多用点心，为孩子营造一个健康快乐的成长环境，享受孩子的成长成才带来的幸福感。我想，用爱浇灌孩子，培养孩子成长成才带来的满足感也是只有教育者才能享受到的"福利"，这也是我坚定地选择教育行业的初衷。

不只是教育行业，世界上每一个父亲、母亲都是一线的教育者，他们都深

---

① 赞科夫：《和教师的谈话》，管海霞译，长江文艺出版社 2021 年版。

刻影响着孩子,是孩子的一面镜子。良好的家庭教育可以为孩子的幸福人生奠定坚实基础。"孩子的教育并不是始于学校,而是始于家庭。父母对孩子的家庭教育有着至关重要的作用,学校教育能够为孩子的成长所提供的帮助是极其有限的。"[P11]斯宾塞所认为的家庭教育始于胎教,在孩子出生之前父母就可以用音乐对腹中的胎儿进行熏陶。直至上学以后,父母也不可以终止对孩子的家庭教育,因为相比于待在学校,孩子在家中的时间会更长。孩子在三岁以前完全没有心理调节能力,七岁以后才有较强的心理调节能力,因此,这一阶段的孩子很容易受到外界环境的影响,尤其是家庭环境。这一时期恰好是孩子的童年时期,如果孩子在童年时期长期处于压抑、痛苦的环境下,很可能会形成消极的、不健康的心理,影响他们的一生。写到这里,我联想到了列夫·托尔斯泰也说过一句类似的话:"幸福的家庭都是相似的,而不幸的家庭各有各的不幸。"的确如此,幸福的家庭都是有相似之处的,理解、宽容、平等这些都可能是幸福的家庭的部分品质。正因为孩子童年时期的家庭教育对其影响巨大,作为未来的父母,我们就要多用点心,去感悟家庭教育的普遍规律,努力学习、研究并创造良好的家庭教育环境。

一百多年前,斯宾塞就意识到了孩子身心发展的自然规律,强调教育要遵循这些规律。他一方面强调要维护孩子的心理健康,使其具有良好的情绪反应;另一方面也强调父母要多多陪伴孩子,要让孩子亲近大自然,把玩耍也当作一种教育。第一种很好理解,就算是成年人,在被上司骂了或是经历了倒霉的事情后,心情处于闷闷不乐的状态,做事的效率也会大打折扣,何况是心理调节能力不如大人的孩子。第二种主张其实我十分赞同,卢梭也曾在书中多次强调自然教育。孩子的天性是爱玩耍,父母和老师应该理解孩子,玩耍也有教育意义,我们可以在陪伴孩子玩耍时穿插进一些具有教育意义的环节。不给孩子背不动的书包,要给他们带得走的礼物。[①] 在快乐中学习,在幸福中成长,赋予孩子一个可以治愈一生的童年。

---

① 余文森:《核心素养导向的课堂教学》,上海教育出版社2017年版。

二、育儿先育己

对孩子进行快乐教育，对大多数父母来说，不是一件轻易的事。当斯宾塞被人问及为什么能够在教育领域取得这么大的成就时，他的回答是：只不过是多用了点心罢了。教育是门学问。对待教育，需要有科学的精神；教育也是一种人际交往，对待教育，更需要我们多用点心。教育既难也不难。"当成年人也能像对待其他事情一样对待教育的时候，教育就不再是一件困难的事情了。"[P57]

在学习教育学之前，我曾觉得教育是一门非常高深的学问，尽管很多人都明白或多或少的教育真理，但到实际中，家长和老师总会做出一些与自己理念相悖的事。比如很多人明知道打骂孩子是不对的，到气头上时大部分人还是会忍不住，事后再来后悔自己的行为。事实是，对孩子身体和心灵的伤害都已发生，父母需要做大量的工作去抚平孩子的心灵创伤。有的孩子可能一生都活在这样的阴影之中。在学习教育学之后，我改变了之前的看法。我曾听过一句话：你就是你的教育学。每个人对教育孩子都有自己的理解，有的人就把孩子教育得很好，有的人抓破脑袋都搞不定自己的孩子。我们都知道，孩子身上会折射出父母的教育观念与方式，由此可见父母在家庭教育中的地位与作用。教育其实不难，其有一定规律可循，快乐教育最重要的前提之一就是，在教育孩子之前，我们应该先教育自己。

"父母进行自我教育，首先要树立坚定的教育信念。给孩子一个好的开始，它可以完全无关金钱和地位。"[P17]有很多父母觉得自己没什么文化也没什么积蓄，能带给孩子的东西十分有限，于是就丧失了教育孩子的信心。其实，父母能带给孩子两种财富，一是物质财富，二是精神财富，真正能让孩子受益一生的是精神财富。在现代社会，大部分人的生活压力都非常大，父母的工作时间很长，缺乏对孩子的陪伴。很多父母致力于为孩子创造更好的物质条件，却忽视了给孩子带去精神财富。有的孩子从小就拥有优渥的物质条件，长大之后却泯然众人；有的孩子从小条件艰苦，长大之后却大有作为。对后者来说，家庭教育功不可没，尤其是父母的善行与观念，早已在孩子的心底播下种子。所以,无论我们给孩子创造的物质条件如何,都要有教好孩子的信心,父母的善行和优秀品质,才是给予孩子的最好礼物。

安全问题是为人父母不应该忽视的,孩子的健康和安全是一切教育的基石。孩子在很小的时候,身体和心智都没有发育完全,没有办法规避生活中的种种危险,父母于是就充当起保护者的角色。刚学会走路的孩子由于重心不稳,常常会摔跤。在孩子真正学会走路以及在心智中明晰安全的概念和重要性之前,父母要时刻注意孩子,最好不要让孩子离开父母视线太长时间。这方面的悲惨例子在报纸上、新闻里比比皆是。因此,家长要为孩子尽量规避危险因素,因为父母一个小小的疏忽,就可能会造成无法挽回的后果。

为了孩子的健康与安全,父母虽然可以适当规避,但这种规避不可能伴随孩子的一生,就像我们也不会永远活在父母的庇护之下。孩子有初步的接受能力之后,对他进行生命与健康教育,是父母的必修课。父母可以给孩子从小就灌输"人生并非一帆风顺"的道理,不要溺爱孩子,懂得适当地锻炼孩子的意志。正如身体强健的标准主要在于能吃苦耐劳,精神强健的标准也同样如此。洛克在《教育漫话》中也倡导吃苦的教育,这其中蕴含的教育道理相似。同时,父母对孩子的爱也是使孩子重视生命的重要因素,父母要毫不吝啬地向孩子表达自己的爱。俗话说,家是避风港。要让孩子明白,无论遇见什么挫折,家永远是孩子最坚强的后盾。关于健康教育,斯宾塞不仅建议每一个养育孩子的人都要学习科学的教育知识,而且还建议掌握一定的医学知识。"我们先不说在教育孩子方面,哪怕是在饲养动物方面,牧场里的饲养员们也是要掌握相关的知识,更何况是自己深爱的孩子,难道不应该更加重视家庭教育吗?"[P15]孩子的健康包括身体健康和心理健康,教育可以让孩子懂得如何控制自己的情绪、保持良好的心态。学习掌握医学知识可以使孩子拥有一个更健康的身体。教育者应该拥有一个更为广阔的视野,仅靠教育学的知识来养育一个孩子远远不够,我们可以适当学习一下其他领域的知识,如医学、心理学甚至是经济学。只要父母能够做好充分的准备,多学习相关知识,并将这些知识运用到实践中,那么他们就一定可以培育出各方面都相对较为优秀的孩子,让孩子成为他们的骄傲。

每一个父母都是教育者，关于教育，我们应当以爱为出发点，以理性为支撑，不断学习，不断行进在教育的路上。"可以说父母怎样教育好孩子，其关键不在于教育孩子，而在于父母怎样教育自己。"[P15]

三、孩子是父母的镜子

孩子是父母的镜子。通过孩子这面镜子，你可以照射出自己的内心。所以你快乐了，孩子就快乐；你暴躁了，孩子就暴躁。看完本书之后，我对快乐教育思想有了初步的理解，孩子的健康成长与父母脱离不了关系，关于怎样快乐教育孩子，下面我想结合我的个人经历浅谈一点看法。

（一）亲近自然，遵循自然

亲近自然是指父母要带孩子多与大自然接触，让孩子感受到大自然的魅力；遵循自然则是指父母在教育孩子时要遵循自然的法则。自然教育的思想始终贯穿在斯宾塞的快乐教育思想中。

父母可以在空闲时带孩子多多亲近大自然，例如去踏青、春游以及参加一些户外活动。全家人一起亲近大自然有许许多多的好处，对一个家庭来说，最直接的好处就是可以促进亲子之间的关系，拉近父母与孩子之间的心理距离，尤其对工作较忙、平常没有太多时间陪伴孩子的父母来说，户外活动更是拉近与孩子的关系的重要途径。有的时候，父母在带孩子亲近大自然时，可以多个家庭一起，孩子与年龄相仿的朋友更能玩到一起，还可以开展一些讲笑话、背诗、讲故事等促进口语表达和心理健康的活动。有些孩子从小就内向，不善于表达，那么作为孩子的父母，就可以利用这样的机会为孩子创造锻炼的平台。

亲近大自然不仅对孩子的心理健康有好处，还可以强健孩子的体魄。这本书中指的自然教育并不是说父母对孩子完全放任不管，只将孩子带到大自然中就可以了。父母要有智慧，要懂得给孩子上关于大自然的课。学校教给孩子的知识和经验大多是间接的、停留于书本上的，孩子对这些知识及经验的理解可能也只是浮于表面。如果孩子在大自然中亲眼看到或者触摸到与这些知识相关的东西,一方面可以锻炼他们的各种感官,另一方面,还会使他们对自然知识和规律的理解更加深刻。例如在一年级的课文《狐狸与乌鸦》中,狐狸对乌鸦说:"乌鸦,你的歌声可好听了,比那百灵鸟还好听,是否能献上一首?"这个故事是在讽刺狐狸的狡猾和乌鸦对自我的迷失。如果孩子一开始就不知道乌鸦的叫声是什么样的,那么他们必然就不能理解讽刺的含义。假如家长在带孩子亲近自然的过程中,恰好带孩子接触到了这些知识,那么孩子对书本上的知识的理解就会更加深刻。这也是一个人人都明白的道理:没有什么东西会比自己亲身经历过、直接感悟过来得印象深刻。在与孩子亲近自然的过程中,斯宾塞建议父母为孩子准备一个笔记本,鼓励孩子撰写自然笔记,但凡是自己感兴趣的自然事物都可以记录下来。在撰写自然笔记的过程中,孩子的观察能力和表达能力能够得到有效的锻炼。父母鼓励孩子记录自己感兴趣的内容,对于孩子来说,撰写自然笔记就不是一件枯燥的事了。"大自然是这样一位老师:他能让孩子提高对美的鉴赏力,又能让孩子开悟;他能让孩子发现事物发展的伟大规律,又不会让孩子的身体太疲惫;他能够随时随地教育孩子,无论白天黑夜,无论晴天雨天,始终诲人不倦,而且不要任何酬劳。"[P118]给孩子提供一定的物质生活基础很重要,带孩子亲近大自然,也是父母应该做的,不能够因为忙于工作,或是其他各种各样的琐事,疏忽了孩子这方面的需求。在带孩子亲近大自然的过程中,父母尤其要注意孩子的安全问题,传授给孩子一定的安全知识,避免安全事故的发生。

(二)重视孩子的情感需求

书中有一个很有意思的观点,就是"父母对孩子要有同情心"。在路边看到流浪的小猫时,我们可能会有同情心;听闻他人的不幸遭遇时,我们也可能同情他们的遭遇。"父母对孩子要有同情心",这里所说的同情心,意思更像怜爱心,对待孩子,我们要保持怜爱。孩子在很小的时候,自主意识薄弱,在很多方面可能都需要有父母的帮助。在现实中,如果孩子跌倒,父母通常有两种表现。一种是责怪孩子为什么这么不小心;另一种就是过分溺爱孩子,把责任全归咎到孩子之外的因素上。先说第一种,孩子摔倒之后身体会发生磕碰，难免会有痛感，此时的他们更希望从父母口中得到安慰，如果父母此时只知道责怪，孩子心中的委屈会放大。另一种就是过分溺爱孩子，把责任全归咎于其他的事物。孩子在七岁之前自主意识薄弱，此时父母就可以引导孩子判断，造成孩子跌倒的原因有哪些。在安慰了孩子之后，跟孩子说清楚为什么会跌倒，帮助孩子在心里明晰事件的原因，这才是真正有助于孩子的做法。

对于孩子的情感需求，聪明的父母不会一味满足。每个孩子都会有自己的情感需求，此时，父母要学会分辨哪些情感需求合理，哪些不合理。当孩子合理的情感需求得到父母的及时回应时，孩子与父母之间的联结会不断强化，内心会受到来自父母的爱的鼓舞，变得更强大。当孩子提出不合理的情感需求时（例如过分依恋、依赖父母），父母可以用言语和肢体接触上的鼓励，引导孩子独立地去做一些事情，锻炼孩子的自主性和独立思考判断的能力。责骂和体罚只会让父母与孩子渐行渐远。父母在教育孩子的过程中，要控制好自己的情绪。

（三）培养孩子的可持续快乐

斯宾塞认为教育的目的在于为完满生活做准备，这一观念与当前培养学生核心素养的理念不谋而合。核心素养指的是学生应该具备的适应终身发展和社会发展需要的必备品格及关键能力。这里的必备品格和关键能力指的是人的品行。童年时期是一个人良好品质习惯培养的黄金时期，也是打好基础的时期。用快乐教育的方法教育孩子，快乐只是我们教育的手段和方式，培养孩子更好地适应未来生活的变化与挑战才是目的。

一个人如果具有良好的心态，即使身处低谷，也能感悟到生活中的点滴美好，看见前进的希望和光。一个人心态的不同决定了他看待事物角度的不同，心态会影响他对事物的判断力和执行力。"一个人的幸福并非源自金钱、名誉和地位，而是源自乐观和平常心。"[P206]父母可以引导孩子在生活和学习中树立一个个小的阶段性目标，设置一个目标计划本，与孩子一起，一点点完成小目标，最终完成大目标。在完成目标的过程中，父母可以给孩子一定的鼓励和适当的奖励,让孩子得到及时的反馈。如果没有完成目标,我们要确认孩子是否已经尽力,再决定后续的教育。平常心就是要求一个人竭尽全力地去做一件事,即使没有得到自己想要的结果,也要保持顺其自然的心态。不只是小孩,成年人也需要具备这种敢于试错的勇气。许多人在决定做一件事的时候会犹豫不决,该拼的时候不敢拼,想爱的时候不敢爱,没有跨出第一步,就不会有后续的一切可能。即使后来没有达到预期的结果,我们也要告诉自己,这段独一无二的人生经历才是最宝贵的礼物。斯宾塞十分重视孩子兴趣爱好的培养,他让小斯宾塞接触过许多的乐器,经常跟孩子一起唱歌、绘画和阅读。最终,小斯宾塞也找到了可以陪伴自己一生的兴趣。人生难免会跌宕起伏,如果一个人拥有有效排解自身情绪的能力,他会过得很快乐。情绪低落时,唱歌或者绘画、练习书法,抑或是到大自然中大喊,都是很好的排解不快的办法。

关于怎样实施快乐教育法,书中还提到了许多其他有效的建议。作为教育者,要有一个全域的视角,深入地对快乐教育法进行分析。由于时代变迁,书中可能有部分建议不适用于现代教育,但总的来看,这本书无论是对父母还是老师,启发都是巨大的。

四、小结

读完这本书,小有感触。爱,我们人人都有,但爱和有目的的教育,则需要一些耐心和技巧,有时甚至是令人发笑的机智或多少有些令人不快的克制。斯宾塞的教育目的观认为,教育的目的在于为未来生活做准备,究其根本,都是为了人。人的培养与动植物的培养不同:对于动植物,只要掌握并使用科学的方法,它们就可以茁壮成长;人的培养过程除了要掌握科学的教育方法,还伴随有教育者与受教育者之间情感关系的影响。科学的教育方法就是教育技巧,情感的潜移默化就是教育的爱和耐心。从文化的角度看,教育技巧更指向于科学精神,爱和耐心则更指向于人文关怀;从心理的角度看,教育技巧更指向于理性,爱和耐心则更指向于感性。孩子无论是成人还是成才,二者都是不可或缺的。

教育者要想掌握科学的教育技巧，就必须具备自我教育的信心和决心。对于大多数新手父母来说，他们在教育孩子这件事上绞尽了脑汁，最终可能也没有得到满意的结果。人的发展规律不会随时代变迁而变化，父母们可以吸收前人的科学的育儿经验，辅以自己的思考，且行且试，且试且行。

可能会有人说，道理我都懂，可就是控制不住。之所以会这样，最主要的原因是教育者只学会了技巧，没有修炼好自己的"内功"。就比如在人和人交往的过程中，如果只注重所谓的"套路"，忽视了真诚，那么就会很难获得一段深入人心的关系。

相信所有父母对自己孩子的感情都充满了真诚，所有的父母都爱自己的孩子。可是，我们爱不爱孩子和孩子能不能感受到这份爱，是两件事。有很多父母非常苦恼，明明所有的一切都是为了孩子好，可孩子偏偏不领情，这说明，亲子之间的沟通出现了问题。爱是一种能力，爱孩子更是一种能力。爱需要言语上的表达和行动上的付出，有的父母只说不做，他们就在孩子的眼中丧失威信；有的父母只做不说，很小的孩子就难以直接感受到这份爱。年龄小的孩子的敏感点更多在于直观事物，不具备抽象思考和推理的能力，他们会很难切身体会到父母对其无言的爱。给孩子最好的爱，需要我们做既言又行的教育者。

快乐有法，教无定法。怎样让孩子沐浴在快乐教育中成长，斯宾塞给了我们许多别出心裁的建议，让我们有法可循。教育孩子是每个教育者需要用心感受、体会的事，正如无法找到两片完全一样的雪花，每个孩子都是独特的个体，作为教育者，快乐教育需要融入我们的爱和耐心，而这每一份爱和耐心，都是独一无二的存在。

教师不仅是知识的传播者，而且是模范

——读《给教师的一百条新建议》 万金花

摘要：俄国著名教育家乌申斯基认为，在教育中一切都应以教育者的人格为基础，因为只有人格才能影响人格，只有人格才能形成人格。郑杰校长在《给教师的一百条新建议》①一书中也贯彻着这样的思想。在对知识的态度方面，郑杰校长认为教师只有敬畏知识、终身学习才能培养出主动学习的学生；面对生活时，郑杰校长强调教师只有将工作和生活区分开来，积极享受生活才能培养出热爱生活的学生；面对学生时，郑杰校长强调教师必须尊重学生的差异性，允许学生犯错，才能培养出有创造性的学生。

关键词：《给教师的一百条新建议》；学生；教学；郑杰

如果您是即将走向工作岗位，并且立志成为一名人民教师的师范生，那么我建议您一定要看一看"另类校长"郑杰先生写的《给教师的一百条新建议》，这一百条建议会帮助您了解教师的职业特性并且唤醒您对真理的追求与敬畏；如果您是新手教师，疲于应对班级的大小事情，甚至开始怀疑自己是否适合这份太阳底下最光辉的职业，那么我建议您更要看看郑杰校长的这本书，这位"另类校长"没有为您打气，让您"坚持、坚持、再坚持"，而是告诉您，"绝不要因为工作而牺牲了自己的生活，尤其是不要牺牲了自己的世俗生活，否则您将离教育的真谛越来越远。"[P84] 其次，关于如何帮助学生成长，郑杰校长也提出了自己独到的见解。如果您是在工作岗位深耕多年的教师，觉得自己的工作变成了机械地完成教学任务，失去了教师工作的热情，建议您赶紧看一看郑杰

---

① 郑杰著，中国人民大学出版社 2015 年版。下文未注明出处的引用均来自该书。

校长关于如何避免职业枯竭、如何登上幸福的第三层楼的建议吧，或许您能找到症结，重拾幸福。

一、在确信真理之前，要热爱真理

只有敬畏真理，不断追求真理，才能在这个时代走出属于自己的自信的步伐。作为 21 世纪的现代人，郑校长认为一个现代人应该是理性的，理性的人克服了无知、愚昧、轻信和偏见，现代化主要就是一个去除蒙昧的过程，也是自我觉醒的过程，这个过程的起点是"认识自我""了解自我"，尤其是认识和了解自己的真实需要与潜质。[P16]在这个物欲横流的世界，如何保持意念的中正，不被"内卷"所影响也是我们这一代人亟待解决的问题。郑校长认为我们要与君子同行，与真理结伴，对于孔子所说的"君子义以为质"中的"义"，郑校长的理解是"义理"的"义"，就是说君子心中有真理，君子的本质就是探究和掌握真理。君子只有掌握真理，才能表现为外部的"礼"的行为，也就能保持态度上的谦虚，也就可能在对人对事方面，处处有信，言而有信，自信而信人。君子只是表现自己，而不是证明自己。孔子说："君子病无能焉，不病人之不己知也。"孔子这句话的意思是说，君子不必处处显摆自己，不怕你不被人所知，只怕自己无能，如果你缺乏真才实学，只是好表现，那你离浮夸的小人并不远。[P67]这两条建议对于当下的年轻人有醍醐灌顶的效果，"内卷""躺平"还是"佛系"，当代青年应该如何抉择？事实上就像郑杰校长所说，我们首先要正确地认识和了解自己，知道自己的真实需要，其次要积极地接受新知识、新观念，做一个与真理结伴的君子，不被"内卷"的竞争风气所裹挟，有一套自己的生存准则，明确地知道自己想要什么、不想要什么，以及要通过什么样的努力才能实现自己的目标。一个"享受型内卷"的人，能够积极主动地参与竞争并乐在其中，能够较好地适应规则，并且并不觉得自己是在"内卷"，可以保持理想状态下的动态平衡。① 要实现这种价值观的转变，我们必须要敬

---

① 覃鑫渊、代玉启：《"内卷""佛系"到"躺平"——从社会心态变迁看青年奋斗精神培育》，《中国青年研究》2022 年第 2 期，第 5—13 页。

畏真理,建立终身学习的理念,不断丰富和充盈自己的内心世界,只有内心足够强大,才有足够的自信立足在这个社会。这种朝着自己的目标不懈努力和奋斗的人常被大家称为"卷王",但是他本人并不觉得自己"卷",因为他的内心是清醒而坚定的,他内心的力量是强大的,他一直在坚定地追寻真理,这类教师的学生也一定不是随波逐流的,因为身教与言传并重,教师信仰真理的态度与追求真理的精神,无时无刻不在传递给学生。[P30]试想有两位语文教师,一位语文教师在教学过程中只注重培养学生应试能力,上课的口头禅也是"这道题是考试重点";另一位语文教师总是在课堂上和同学们一起探究知识的来龙去脉,上课的口头禅是"为什么会这样"。我相信,这两名老师的学生一定是不一样的,前一名老师的学生只是把知识当作考试的工具,他们对知识本身的价值理解是浅薄而片面的;而后一名老师的学生会在不断提问、探究的过程中发现自身有限的认识与无限的知识之间的矛盾关系,从而激发其内心深处对真理的敬畏与追求真理的热情。

在追求真理的过程中,教师需要养成终身学习的习惯。郑校长认为,"教师不能停止学习,因为能胜任你现在的工作,是你继续学习的唯一理由"。[P32]从某种意义上来说,教师其实也是演员,我国常规的以讲授为主要模式的班级授课制的空间布置就像一个舞台,教师一个人在讲台上讲解知识,几十个学生在讲台下倾听,几十双眼睛盯着你,不时还有学生好奇发问,这是一件多么责任重大又压力大的事情。试想如果你不能继续学习,不能不断充实自己的专业知识和实践能力,那么上课将会变成一件令你头疼和害怕的事情,你常常会因为担心被学生问到不会的问题而紧张,以至于恨不得前脚打下课铃后脚赶紧逃离教室,你会因为专业知识的欠缺而没有自信;你会觉得自己的工作如同机械的运作,毫无意义可言;你甚至会担心自己某一个知识点讲错被眼尖的学生发现。而一旦学生发现老师对知识缺乏敬畏之心,那么学生也会抱着轻视的态度学习,甚至亵渎知识。因此,我们要进步就不能停止学习。另外,郑校长认为反思能力已经被认为是教师持续发展的一种必备素质,并建议大家将写反思日志作为一种习惯,将课堂观察作为反思的一种重要途径。[P91]在这个世界上,每个人都会犯错,懦弱的人会因为犯错而逃避;骄傲的人会将错误归咎到旁人身上,不愿意承认自己的失误;只有善于反思的人会珍惜每一次犯错的机会,因为我们和孩子一样,是在错误中学习的,在反思中学习,是我们为自己量身定做的成长计划。

郑杰校长关于敬畏真理、终身学习的建议给了我非常大的启发,并且解答了我曾经的疑惑。一年前的我对真理是缺乏敬畏的,我总是对自己说,"差不多就行了",在教学的过程中,我这种随意的态度潜移默化地影响到了我的学生,不知道从什么时候开始,我的学生也开始不再尊重知识,不再敬畏真理,甚至不再谦逊,当时的我已经意识到了这个问题,却无可奈何。郑杰校长这条建议给我当头一棒,是啊,学生是看着老师的背影学习的,特别是小学生,最会模仿老师,如果我们自己尚且不知道敬畏,怎能奢求学生不亵渎知识呢? 幸运的是,我的导师是一个非常认真而严谨的人,他对论文中的每一句话总要反复琢磨直到终于领会才罢休,总是会追问我为什么会这么想,对于每一个细小的问题总是不乏追根溯源的精神。类似的事情有很多很多,总之看着他的背影我学会了敬畏,他用行动教会我知识是无穷的,而我们现在学到的只是冰山一角,所以我们要谦逊、要求知、要敬畏。

二、为自己而教

"我们活着,似乎成天在赶路,脚步匆匆,不敢稍停一下,生怕一旦懈怠便再也赶不上别人的步伐,'惶惶不可终日'是现代人普遍的心理病症。我们耳边一直回想着两个字'竞争',将我们的人生'糟蹋'为一场又一场比赛。难道我们所在的这个世界,真是一个角斗场? 在残酷的竞技场上,永远没有一份闲心去享受生活?"[P8]读到这里,我被郑杰校长的话深深地震撼到了,这仿佛就是我内心深处的呐喊。高三的时候,因为有高考时刻悬在头顶,我们一刻也不敢放松,可是,在大学、研究生,甚至工作期间,我们不再有一考定终身的考核制度,为什么还是被一股无形的力量推着往前走? 学习是为了什么? 如果学习是为了工作,那工作又是为了什么? 如果工作是为了生活,请问我们还有生活吗? 一直以来,这个社会将教师看作如春蚕、蜡烛般牺牲自己、照亮他人的无私奉献的人,那么,作为一名教师,我们应不应该享受生活? 郑杰校长在他的建议中给了我们答案,他提倡教师要幸福工作、享受生活。因为工作是为了让生活变得更为美好,教师热爱生活的背影会感染到学生。

关于怎样幸福工作,郑杰校长认为我们要学会为当教师寻找充足的理由。[P246]首先,这个世界上没有任何一个职业像教师一样每年拥有几个月的带薪寒暑假,如果你是一个会享受生活的人,那么你会拥有比其他职业更多的闲暇和快乐,你可以选择一家咖啡店靠窗的位置静静地看一整个下午的书,你也可以去超市采购一些新鲜的食物为家人做上一桌丰盛的晚餐,你甚至可以和家人一起去旅游,你的快乐将会传递给你的学生,你的学生也会通过你体验到生活的美好,从而对生活充满热情,对人生充满期待,如果你是一个积极的老师,那么你的学生便不会消极。其次,我们每天面对的是一个个纯真的小孩子,跟他们在一起,你的同理心会让你像孩子一样思考,而小孩了可爱到因为你穿了一条可爱的裙子就会围着你打转,夸你今天真漂亮。这份工作会降低你快乐的阈值,你常常会因为一些小事而觉得无比幸福和快乐,这也是教师职业的一个特性。最重要的是,教师的职业让我们的灵魂安宁,相对于其他职业,学校是市侩气最少的地方,我们不需要处理太复杂的人际关系,可以将更多的时间投入专业发展。

除了为找到当教师的理由,郑杰校长认为,"我们还应该为沉重的负担找到良好的理由,为什么在同样的痛苦面前,有人感觉痛苦是一种幸福,而有人却将痛苦视为灾难?如果是自愿自发的行为,那么他的痛苦因为有了良好的理由而成为幸福,反之则是苦难"。[P34]我们经常会听到老师抱怨工作辛苦,且不说真实情况是否如此,我想这位抱怨的老师工作一定是不幸福的,他对学生可能是严厉而缺乏温度的,而他的学生可能也是抱怨学习负担重,厌倦学习的。这是多么可怕的一个恶性循环,既然我们选择了教师这个职业,就应该为自己沉重的工作负担做好充足的准备,郑杰校长认为有两种可能导致无法承担工作的负担。一是没有在工作中找到生命的影子,即没有在工作中找到价值感,每天的工作只是充当一个教书匠的身份机械地完成教学任务,创造力、才华、个性等让你充满成就感的特质不能在工作中表现出来。这个问题回到了郑杰校长关于知道敬畏的建议,如果我们能够继续学习下去,学会反思,那么我们总会在平凡的工作中做出不平凡的成绩。二是你可能过于追求外在价值而不是内在价值,如果你将自己的情绪价值、喜怒哀乐寄托在别人对你的评价上,那你往往会失望,你需要先学会做一个独立的人,要学会认识自己、肯定自己、评价自己,知道自己是为自己而活而不是为别人而活。精神独立对于我们每个人来说极为重要,拥有一个丰富而自由的精神世界是我们的追求,这说明我们是独立的人而不是依附的人,那么我们工作的价值不需要由别人来评判,我们自己就能从每一次的进步中收获成就感和价值感,而这正是我们继续努力工作的理由。

关于如何享受生活,郑杰校长认为人生幸福有三个层次,我们应该努力登上人生幸福的三层楼。[P24]幸福的第一层楼是物质生活有保障,我们常说"经济基础决定上层建筑",如果我们衣食住行尚且不能得到很好的解决,想必我们不会有更多的精力去追寻诗和远方。所以,我们必须工作,因为工作会给我们的生活带来保障,帮助我们登上幸福的第一层楼。幸福的第二层楼是艺术生活,焦虑、压力是现代人的通病,特别是有朝一日我们有幸成为一名人民教师,我们承受的是来自生活、工作、社会、人际等多重压力,在这种高压的情况下我们怎么会幸福,怎么会不崩溃呢?因此,幸福的第二层楼是非常有必要的。有了经济基础后,我们该选择如何生活?应该至少拥有一项热爱且能让自己放松的活动,可能是听音乐会、跳舞、做瑜伽、弹钢琴、阅读、旅游等,这取决于你的兴趣。郑杰校长认为工作和生活是要区分开来的,工作就是为了更好地生活,如果你辛勤工作五天终于迎来了休假日,却发现自己茫然空落,不知道该做些什么,那么很遗憾,你已经没有生活了,生活对于你来说只是日复一日机械地工作,而艺术生活能让你的心灵得到片刻放松,帮助你重拾生活。幸福的第三层楼是独立思想,只有独立而又自由的思想才能让人完全自由。作为教师,我们应该有自己的教育思想,登上幸福的第三层楼的教师将教育工作当成思想的起点,他在教育的过程中不断探索、不断追问、不断反思、不断进步,一直享受这个过程,若干年后他成了一名教育专家,这就是思想的力量。这里我想提一下心态,我们生活的状态其实是由我们的心态决定的,因为对于同一件事情不同的人会有不同的看法。生活中有无数件大大小小需要我们面对的乐意的或不乐意的事情,如果我们以一种积极的心态面对生活,那么生活一定会善待我们,这其实就是一种思想,一种独立而自由的思想,它让我们拥有时刻幸福的能力。学生是看着老师的背影学习的,如果老师是一位每天积极乐观、热爱生活、笑脸相迎的引路人,那么学生也会是对学习、生活充满热爱的乐观的学习者。

三、教育成功的秘密在于尊重学生

什么是有效教学?郑杰校长认为最适合学生的教学就是有效教学。作为教师,我们要充分地认识到学生学习的个体差异性,并且尊重学生的个体差异。[P113]由于家庭环境的不同,经济差异会造成贫困家庭学生对前途的茫然状态,这类学生更加需要教师的鼓励与支持,帮助其正确归因;学生在性别上的差异会造成课堂上男生参与度更高,女生喜欢私下讨论,男生在空间能力方面表现更优异,女生在口语表达方面更擅长等现象,如果我们能正确地认识到这是学生的性别差异,我们就会充分尊重每一名学生的表现,不会因为女生不积极举手回答问题而责备她们。不同的学生因为受先天遗传、后天环境等影响,在心理发展上会存在差异,对于教师的责备,不同的学生接受能力不同,而作为教师,我们应该充分尊重学生的心理差异,面对不同的学生犯错要采取不同程度的惩罚方式。对于自尊心极强的学生,教师需要格外地呵护,亲切地教导,而对于淘气、抗压能力强的学生,教师可适当进行较为严厉的批评;身心发展及人格发展的差异会导致学生学习风格、思维能力、学习能力的差异,冲动型的学生作业总是完成得很快,但是伴随的是种种粗心的小错误,思考型学生在学习上可能要花很多时间,但是每一个学习任务总是能很完美地完成;有的学生善于灵活、创造性地思考,有的学生习惯用传统、常规的方法思考。加德纳的多元智力理论告诉我们,人的智力分很多种,而不同的学生可能智力发展状态与类型不同。作为教师,我们面对的不是一个整体的学生,而是一个个独立的个体,我们需要充分尊重每一名学生的个体差异,不用统一的标准要求学生,而是用心去爱每一名学生,发现每一名学生的闪光点。

什么是真正的学习?郑杰校长认为真正的学习是一个探寻的过程。[P102]学生是在错误中学习的,真正的学习不是机械地记住一些经验性知识,而是学生在学习的过程中主动发现和创造的试错过程。因此教师要有宽容精神,不仅要允许学生犯错,还要鼓励学生不要在意犯错,勇敢尝试。教育是具有滞后性的,我们在课本上学到的不少知识在生活中不会被直接用到,所以教师不必为了应试而教育学生死记硬背必考知识点,而是应该适应时代潮流,培养学生适应未来生活应该具备的必备品格和关键能力,包括培养学生的人文底蕴、科学精神、学习能力、健康生活、责任担当、实践创新等核心素养。作为一名未来的小学语文教师,我们在课堂上应该教什么?是帮助学生掌握必备的生字词、背诵并默写课文吗?基础知识当然重要,但我认为语文学习并不仅仅具有工具性的特点,更重要的是在教学的过程中培养学生的文化自信,以及培养学生语言运用能力、思维能力、创造能力等适应学生终身发展的核心素养,这也是新课标对教师提出的建议。如果我们不将分数作为评价学生的唯一标准,那么我们就会给学生足够的尊重和自由,让学生学会在自己的差错中获得真知。学生在自由选择的过程中有了更多的价值感与尊严感,并且学习成了学生自发的活动,这样的学生是独立而自主的,是谦逊包容和不以自我为中心的。

四、教是为了不教

"如果细细观察,面对同一学习内容,每个孩子都会有自己的方式,就方式本身而言,无好坏优劣之分。"[P156]2022年版语文课程标准强调增强课程实施的情境性和实践性,促进学习方式变革,注重学生自主、合作、探究学习。新课标更加注重发挥学生学习的主体性以及培养学生的核心素养,这就需要教师发挥其主导作用,找到孩子最佳的学习方式,因材施教。对于如何教学,郑杰校长提出两条建议。一是设法让知识本身吸引学生。[P166]是什么力量让学生来到学校读书?郑杰校长认为是习惯力量和强制力量。《中华人民共和国义务教育法》要求所有适龄儿童必须接受免费的国民基础教育,孩子们是带着好奇和兴奋来到学校的,他们是一条条活蹦乱跳的鲜活的小生命,可最终在"成人化"的教育中逐渐被磨平棱角,这是教育的悲哀,这种畸形的教育观是我们要极力避免的。因此,作为教师,我们要多鼓励学生,让更多的学生有成就感,让成就感和尊严感吸引学生;教师要尊重每一名学生的差异性,鼓励学生展现自己,发现每一名学生的闪光点并加以表扬,让荣誉感吸引学生;我们还要营造一个和谐向上的班集体,让同学间良好的同伴关系吸引学生。我们设法吸引学生自愿到学校来以后还要设法让学生能努力学习。郑杰校长认为,最持久的促进学习的力量在于知识本身。我们知道遗传、环境、教育对学生的影响固然重要,但对学生发展起最终的决定作用的是主观能动性,教师只有激发学生学习的主动性,发展学生的创造性思维,采用探究教学的方式,帮助学生在探究的过程中,感悟学习的真谛,学生才能真正对知识产生亲和力,并最终实现主动学习。因此,好的教师应设法让知识本身吸引学生,而不是仅仅采取表扬、惩罚、考试等外部手段扼杀学生的内驱力。二是与学生结为学习伙伴,教师要保持终身学习的状态。一方面是因为教师职业比任何职业都更需要学习,我们面对的是一代代祖国的花朵,他们是祖国未来的建设者和接班人,而社会发展迅速,如果我们不能积极地汲取新知识、新思想、新技能,那我们培养出来的学生是不能适应社会发展的,我们的教育便不能称为好的教育;另一方面的原因是终身学习有助于达成教师精神成长的内在目的,不断学习专业知识能帮助教师实现专业成长,学习心理学、哲学、文学知识能够丰富教师的精神世界,用知识来温养教师的心灵,有助于教师达到更高的精神境界。最重要的是,如果教师能够以身作则,树立终身学习的理念,并且通过探究教学、发现教学的方式引导学生学习,那么这样的学生必然是善于学习、乐于学习的。

五、爱是一种持久而深刻的感情

善于教学的教师应该拥有一颗包容的心,包容学生的差异、包容学生犯错,用爱去感化学生,为学生营造一个舒适、安心的学习环境,与学生一起快乐学习。毕竟,孩子是捧着一颗真心来到学校的,他们尊重、敬爱老师,如此可爱,如此鲜活。

发现孩子的秘密

——读《童年的秘密》

朱明娟

摘要：蒙台梭利说，教育的目的应该是保护和扶植儿童，帮助儿童成长。成人对儿童错误地认识和干预将抑制儿童生理与心理的正常发展。因此，教师要努力去发现儿童的秘密，尊重儿童的独特性，关注儿童的精神生活，为此革新教育观念，结合时代发展要求，培养新时代的新人。儿童的发展具有敏感期，成人要深刻了解并理解儿童身心发展规律，才能提供外在的帮助。教师要做好精神准备，维护儿童应有的权利，为其创设良好的环境；由内而外，从生理到心理在各方面提供帮助，促进儿童的健康成长，让他们拥有幸福美好的童年。

关键词：儿童；心理发展；教育观念

一、革新教师的教育观是立德树人的基础

蒙台梭利认为，儿童并不是一个只可以从外表观察的陌生人。童年构成了人生中最重要的一部分，因为一个人的很多品质是在他的早期就形成的。[P21]正是在这样的教育观念下，她重视并研究了儿童的童年时期①。教育观就像是教师的教育宣言，是教师对教育本质、目的、内容、方法等的基本看法。教育观念决定了教师的教育行为，进而形成各具特色的教学风格。因此，教师在职前就应确立自己的教育观念。

那么，教师在当下的时代和社会，到底应确立什么样的儿童

---

① 玛丽亚·蒙台梭利著，梁海涛译，上海人民出版社 2016 年版。下文未注明文献来源的引用均出自该书。

教育观呢？纵观整个中国教育史，不同的历史时期，时代背景和政治社会等因素影响下，教师的教育观呈现不同特点。古代中国注重儿童早期的德育。如颜之推提倡及时施教，因为幼童的可塑性较大，易于潜移默化影响儿童的秉性。朱熹也强调不仅要教给儿童知识，更要训练德行，培养良好的道德行为习惯。王守仁则认为教育的任务是教儿童懂得人伦之学，通过培养兴趣，陶冶儿童的情操，提倡广泛的教育内容，并提出先考德再读书的学习顺序。古代的教师大多秉持德育为重的教育观，重视学生的人格品质的养成，但忽视了知识的积累。这种教育观念必然会导致学生发展的不充分、不平衡。

近代中国受西方教育思想的影响较大，形成了科学理性的教育观。如陶行知提出了"知、情、意合一"的教育宗旨，将知识与人格培养相结合，塑造更为完备的人格。陶行知的教育思想来源于美国的实用主义家杜威，因此，陶行知的教育观念带有明显的应世、实用主义色彩。陈鹤琴则认为要教育儿童，确立科学的儿童观是前提条件，因此他着重于从心理学的角度来研究、观察了解儿童。他的教育观念符合儿童身心发展特点，对于当前我国实施素质教育是具有重要的启迪作用的。

新时代的中国教育强调德育为先，提升智力水平，加强体育、美育，落实劳动教育，树立具有中国特色的教育观念。培养德智体美劳全面发展的人将倒逼教师革新教育观念，摒弃陈旧单一的教学模式和理念，深入思考和研究对学生终身发展有价值的课程。教师只有意识到自己的教育观念正在逐渐落后于时代发展，才会切实从自身行为开始反思，才能从根源上破除应试化教育带来的弊端。虽然高考制度仍是中国教育的必选项，但教师能在这个选项之外创造更多的可能项。每个教师树立科学、合理的教育观念，从自身的教学开始改变，给予学生更多的自由和活力，才能让中国教育焕发出新的生命力。

二、更新教师的儿童观是时代发展新要求

儿童观是指社会对待儿童的看法和观点。世人对儿童的认识是随着科学技术的发展逐步深入完善的。在古代传统社会中，儿童没有独立地位，是

父母及家族的附属品。因此,鞭笞、体罚儿童在社会早期是合理行为。随着文艺复兴的发展和人文主义的崛起,人们逐渐科学、理性地看待儿童,开始考虑和研究儿童的自然本性。可以说,有什么样的儿童观,就会形成什么样的认识论,潜移默化中就会影响成人对待儿童的方式。因此,教师应树立科学的学生观。教师要认识到学生是具有独立人格的、发展中的生命个体,不同的个体都焕发着绚丽的生命色彩。教师要去"发现学生",把学生看成真正的"学生",教师才能全身心地热爱和理解学生。

而蒙台梭利的儿童观主要来自卢梭、福禄贝尔等的自然主义思想。她提出当前对儿童关注更多的是身体的养护,婴儿从出生起就有了精神生活,成人要帮助婴儿心理的发展,教育要从出生时抓起。[P31] 在我们的认知概念里,婴幼儿是没有行为能力的,他们无法很好地掌控自己的身体。所以大部分成人错误地认为是他们对儿童的帮助和照顾,给了儿童灵性。我们经常能听到对父母这样的评价:你们把孩子养得很好! 你们是怎么做到的? 这种评价的深层含义就是孩子是父母外部塑造的结果,是成人通过刺激、指导和提示,使儿童获得智慧、情感和意志。而蒙台梭利认为,儿童是拥有主观的心理生活的,它虽然没有表现出来,但儿童是可以秘密地心灵觉醒的。人与野兽之间存在的最大差异就是动物就像流水线上的批量产品,每个个体都具有物种的共有特性,而人就像手工艺品,每个人都各不相同,都有着他自己创造性的精神。[P34]

教师应树立科学的儿童观,尊重儿童的心理发展。关注学生身体发展的同时,也注重培养孩子的精神世界,不干预孩子的心理塑造,为他们提供必要的手段和环境,帮助他们获得以自身能力无法获得的东西。这样,健康成长的儿童就会迸发出潜藏的秘密能量。

儿童的敏感期是不易被人注意和察觉的,只要儿童所处的环境能充分满足他的内在需求,儿童的行为将悄悄进行。成年人必须从儿童最初的时期就帮助他们,但并不是塑造儿童,这种帮助在于灵敏地尊重儿童心理发展的外部表现,为他们提供所需的必要手段,这些单靠儿童本身的努力是不可能实现的。蒙台梭利一再强调的是,并不能单凭成人的主观意志去干涉塑造儿童。成人能做的就是提供必要的手段和帮助。蒙台梭利的这一理念值得我思考,在我的观念里,幼儿是无法单靠自己来成长的,吃饭、穿衣、走路、学习,这些技能都离不开成人的指导。孩子没有自我保护的能力,无法独立适应社会环境,父母和教师在其成长道路上的影响是极其深远的。但我忽视了,孩子是有他自己的心灵的。书里也提到,高级动物是具有天赋本能的,让他们处在一个自由并安全的环境中,他们能驱使本能,表现出自身的独特性。这不由得让我想起一件事。我有两个姐姐,她俩对待小宝宝的方式有很大的差异。一个姐姐非常重视自己的宝宝,一哭一闹就立马抱起哄,时刻注意孩子是否太冷或太热,冬天时把孩子裹得像个粽子,并且给孩子吃很多的营养补充剂,总之,谁都看得出她将孩子照顾得很周到。而反观另一个姐姐,她虽然也很爱自己的孩子,在满足婴儿基本的生理需求基础之上,她不给予更多的行为干涉。孩子可以自由探索,大人的目光不是时时刻刻都围绕着他的。别的大人看到孩子时,都会惊叹:他怎么穿得这样少,怎么会让他在寒冷的室外待那么久?过了几年后,这两个孩子各方面的表现都有很大差异。在身体素质方面,第二个孩子很少生病,他能很好地适应骤变的气温,而第一个孩子一直体弱多病。在心理素质方面,第二个孩子表现出很强的独立性,他习惯了自己解决大部分的问题,而第一个孩子蛮横娇惯。这两个母亲的不同教养方式,促成了两个性格截然不同的孩子。第二个姐姐的部分做法是符合蒙台梭利的教育理论的。她关注到了孩子的内在需要,提供必要的帮助,给予充分自由,顺应孩子的身心发展规律。

父母具有细致入微照顾幼儿的本能,所有父母都愿意为自己的孩子倾尽所有,父母也天然地带有责任感和使命感,要尽力将孩子保护周全。但又有多少成人会注重幼儿的"精神生活"?不少成人从自己的角度去看待孩子,凭自己的主观意志去判断孩子,给予成人认为孩子需要的指导和帮助,不去考虑孩子是否有自己的想法,是否靠自己就可以做到某些事情。长期受到成人干预的儿童会逐渐封锁自己的心灵,精神主权受到抑制,行动逐渐沉沦于惰性和机械性。如今,孩子的心理需要已受到专家学者的关注,这一领域仍在继续探索。教师和家长也应转变对儿童的态度,树立科学的儿童观。

三、抓住儿童的敏感期是因材施教的关键

心理学家们在研究儿童时发现,儿童存在身心发展的不同阶段,每个阶段都有其发展特征,顺应儿童的发展规律,儿童就能获得良好的发展。弗洛伊德在他的性心理发展理论的基础之上提出了人格发展理论,他认为儿童从出生到成年要经历几个先后有序的发展阶段,每个阶段都有一个特殊的区域成为力比多兴奋和满足的中心,此区域被称为性感区,并划分了口唇期、肛门期、性器期、潜伏期和生殖期五个阶段,这些阶段获得的经验决定了他们成年后的人格特征。皮亚杰则认为,心理发展是一个内在结构连续组织和再组织的过程,各种发展因素相互作用,儿童的心理发展就有了阶段性。每个阶段都形成了下一阶段的必要条件。他提出的心理发展四阶段理论揭示了儿童的发展规律,重视儿童的兴趣和需要。蒙台梭利也同样提出儿童的心理发展是有一定规律的,她认为儿童要经历各种敏感期,并且不易被人注意和察觉,儿童所处的环境能满足他的内在需求,儿童的行为将悄悄进行。敏感期是暂时的,它只持续一段时期,只要消失,永远不可能再现。因此,成人要探索儿童的奥秘,分析儿童内在、隐藏的动机,成人要成为一个研究者,而不是管理者。目前,大部分家长承担的是管理者的角色。他们从孩子出生前就考虑再三,为孩子的前途和未来做好充分的打算与准备。孩子的每个人生阶段,都由父母参与决定。在校时,学校和教师为孩子安排好一切,如上什么课程,怎样上课。儿童的所有时间似乎都由成人安排妥当了,那儿童的自我需求呢?到底有谁认真倾听过儿童的心声呢?读到这里,我反思自己担任小学老师时,仅仅是完成了教学任务,很少认真留意学生的心理变化,甚至都觉察不到学生的敏感期。虽然我熟悉了解心理学中关于儿童身心发展的规律的相关知识,但是我几乎没有用于研究学生。理论性的知识只存在于我脑中,并没有转化成特定的行为。如果连熟知教育学、心理学知识的教师都不能关注到儿童的敏感期,那普通的家长又怎么会意识到这个问题呢?每个孩子的成长只有一次,一旦错过,就不会重来。因此,教师首先要从自身做起,主动去观察了解学生的心理需求,帮助他们顺利度过每个发展阶段。其次是加强与家

长的沟通联系,家校合作,共同关注孩子的身心变化过程。

(一)关注孩子的睡眠

床能给儿童心理发展最大的帮助。儿童的睡眠是国内外专家学者都很重视的问题。教育部在《教育部办公厅关于进一步加强中小学生睡眠管理工作的通知》中强调,要保证中小学生享有充足睡眠时间,促进学生身心健康发展。这一政策是针对我国学生睡眠不足而提出的。睡眠对孩子身心发展的重要性是毋庸置疑的。几乎所有的成人都会要求自己的孩子多睡觉,从婴儿时期开始,孩子睡着了,家长才能有自由活动的时间,因此多睡觉的意志就会强加于儿童。而我们往往会发现,有些幼儿精力旺盛,他们不愿意入睡。家长很难哄睡那些不想睡觉的孩子。蒙台梭利则认为,强迫孩子去睡觉,是造成儿童痛苦的根源,成人应该给孩子准备一张矮床,让儿童自由选择躺下或起床,儿童也不需要睡得超过必要时间。她的这一观点打破了我原有的惯性思维。睡眠对学生来说很重要,那当然是睡得越多越好。但其实不是,不能用统一的标准去衡量所有学生。在满足睡眠需要的基础之上,让孩子自由选择睡或醒,这是要做的最大改变。大部分学校里为了统一管理,会给学生安排午休时间。我发现,午休并不是所有学生都需要的。有部分精力旺盛的学生从不肯乖乖入睡。不能说话、不能打扰其他同学的这一个小时,对他们来说是种煎熬。当午休结束的铃声响起,他们总是第一个从座位上弹起。而有些学生非常需要午休时间,这样他们才能精神饱满地开始下午的学习。我通常会选择满足不同学生的需求。在保证不打扰其他同学午休的前提下,给不想睡的学生安排一些阅读、思维训练任务。我认为,在睡眠问题上,孩子自己最有发言权。他们清楚地知道自己的需要,我们能做的,就是提供适宜的环境,满足他们的需要。

对比国内外家长在孩子的睡眠上的做法,我们会发现,这不仅是国内外文化差异,也是教育思想上的差异。欧美家庭中,为了培养孩子的独立性,家长会较早就安排孩子单独睡。当习惯了与父母在不同的房间中睡觉,孩子不会在睡前或睡醒后哭闹。虽然年龄很小,但他们明白睡觉是自己的事情。而反观中国家庭,大部分父母一开始会与孩子同睡一张床,等孩子长大一点后,孩子就睡在父母旁边的小床上。这样的睡眠模式让父母与孩子的关系更紧密,但也加深了孩子对父母的依赖。孩子夜里哭闹,母亲会选择第一时间去哄。当孩子发现,自己通过哭能换来父母的关爱,他们会频繁采取这种方式满足自己的需要,依赖性也就由此产生。国内外两种睡眠模式各有利弊,但这两种模式背后是家长的教育方式的差异。欧美家长更多地尊重孩子的意愿,给予孩子一定的自由选择权。家长也相信孩子有独立的能力。从睡觉到学习再到生活,孩子都能表现出很强的独立性。父母也能拥有更多的私人时间和空间。而国内父母会替孩子安排好一切,孩子只需要听从父母的选择。父母总是担心孩子还太小,没办法靠自己完成事情。权威型和管制型的教育思想让孩子的自我意识和独立性受到压制。孩子的敏感期是培育个性和人格最佳时期,父母应该相信自己的孩子有能力管理好自身,克服想要掌控孩子的本能,了解他们的需要,并尽量去满足他们的需求。

(二)注重孩子的秩序感

蒙台梭利提出自然在人的敏感期给予的第一个刺激就与秩序有关。[P55]儿童出生后第一年就出现了这种敏感,但往往成人注意不到儿童的这种敏感,认为幼童的本性是无序的,因此就错过了儿童的某些敏感期。她举了皮亚杰教授与他儿子的例子。皮亚杰先将物品藏在第一张椅子的椅垫下,然后将物品转移到另一张椅子的椅垫下,希望孩子在第一张椅子下找不到时,会去第二张椅子下找。但是孩子只会去找他离开前看到的那张椅子下方,并没有试图去其他地方找物品。皮亚杰反复这项试验,当着孩子的面将物品调换位置,孩子依旧重复之前的操作。孩子认为物品应该在第一张椅子的椅垫下。儿童会有一段时间对秩序非常敏感,并且会做出一些让我们难以理解的举动。如果成人能了解孩子的这种秩序敏感期,就不会误解和粗暴地打扰孩子。

很多时候,孩子自己也并不清楚自己发脾气、无理哭闹的原因,他们无法表达和诉说自己不安的心情,家长此时就要冷静下来,耐心去思考和观察,了解孩子的需求是否得到满足,比如他每日睡觉的枕头是不是被你无意识地挪动过,再比如他的卧室是不是被你随手放了一个原来没有的物品。

成年人身心已发展成熟,很多细节就会被忽略,我们只会将目光和注意力集中于最棘手的问题上。而孩子是发展中的人,他们会被外部环境的许多东西吸引,做出一些成年人眼中"不合规矩"的举动,他们还在建立与世界的联系,还不熟悉成年人规定的世界法则。这时,成年人要是操之过急,过分热情地给儿童示范如何做某事,儿童的自我思维和判断能力就受到了压制。成年人与儿童对世界的看法是不同的,成熟的人经过与环境和他人的相互协调,逐渐社会化,形成的思维和行为也就带有社会的属性。儿童的心灵就像一张白纸,世界在他们眼中是纷繁复杂、五彩缤纷的。所以他们用一切新奇的、渴求的目光来面对自身以外的世界。从蒙台梭利的研究中,我们可以感受到她是真切地从儿童的视角和心灵来了解儿童的。我们当下的教育提倡以人为本,以学生为本,希望教师能站在学生的角度,尊重每个学生的生命本性,帮助他们建构独特的精神家园。教师要转换自己的角色和立场,从"我能教给学生什么"到"学生想要学到什么"。这一步并不容易做到,我们熟悉并适应生存法则,只需要时间就行。但要是打破规则,用一种逆向的方式来做事,是需要很大的决心和勇气的。这对教师提出了很高的要求,用耐心和爱心去了解学生的内心,用成熟冷静和智慧去提供帮助,用双向思维和角色互换去体验感受学生的世界。

四、良好的外部条件是培根铸魂的支撑

(一)创设适宜的环境

蒙台梭利认为儿童的秘密就隐藏在环境之中,需要在环境中采取行动,让儿童的表现得到释放。[P155] 因此,安排一个开放、活跃的环境,儿童的心理表现就会自然而然地表露出来。环境对于儿童的发展应是有益的,且不能成为阻碍。环境包括社会环境、学校环境和家庭环境。儿童的成长过程脱离不了其中的影响。人是社会性动物,我们在与他人交往的过程中逐步适应环境,完成个体的社会化。比如儿童会受到文化的熏陶,习得社会的规范,掌握基

础的知识,获得基本的能力,形成健全的人格。良好的家庭环境是儿童身心健康的基础,都说父母是孩子最好的老师,身处温馨和谐美满的家庭,儿童会拥有充盈的内心。社会环境是儿童良好发展的外因,良好的社会风气和礼仪能潜移默化地塑造学生。学校环境是儿童健康成长的保障,良好的校园文化和氛围能促进师生良性发展。通过教育还能修正学生在家庭和社会中所受的不良影响。

良好的学校环境对教师和学生都有促进作用。因此,教师要积极利用教育智慧和现代科学技术创设学习氛围,加强家校联系,共同构筑利于学生成长的环境。

(二)谦卑的教师

蒙台梭利所指的谦卑的教师,是学校教师的新形象。[P170]她要求改变教师权威的、高高在上的形象,让学生成长,让老师变小。其本质就是教师尊重儿童的个性。赫尔巴特的"教师中心论"早已不再适应现代教育,学生才是学习的主人,是教育的中心。立足于学生的发展,树立以人为本的教育理念已获得广泛认同。那么,教师到底应该树立什么样的自我形象呢?

我们从小到大都接触了很多的教师,让你描述一位记忆中印象深刻的老师,大多数人都会选择对自己和善的、有耐心的、认真帮助过自己的老师。这样的令人印象深刻的老师都会有的共性特征就是尊重学生。学生都害怕高傲权威型的教师,陌生的距离感会让学生本能地远离,而幽默风趣、愿意倾听交流的老师更能融入学生群体。成为受学生欢迎的教师就一定是优秀的教师吗?那我要怎样才能成为学生心中的好老师呢? 这些问题值得我思考。我认为尊重学生是教师最基本的素养,儿童有着自己的朴素理论和精神哲学,成人不该是真理的代表。教师要消除作为成年人的局限性,努力去理解儿童的心理,了解儿童行为背后的原因,不能以成人的视角来分析他们的行为。很多调皮捣蛋的学生在课堂捣乱,课后闯祸,不代表他们心思邪恶,行径卑劣。教师不戴着有色眼镜去教育这些"捣蛋鬼",就会发现学生的内心都是纯净的,他们的很多举动并没有恶意。教师愿意理解并倾听孩子的心声,孩子才会主动敞开大门。成人不应剥夺他们试错与自主发展的权利,否则儿童的个性就会被泯灭。

其次,在尊重的基础之上,教师要经常进行反思。波斯纳提出,教师的成长等于经验加反思。教师在教学实践中对自己的教学行为、教学效果、学生的学习成果等进行不断思考和评估,以此提升教学能力和水平。蒙台梭利也同样觉得教师要经常系统地研究自己的缺点和坏习性,研究妨碍了教师与学生关系的缺点,发自内心地摒弃易怒心态,做好心理上的准备,从精神层面提升自我。她说:"你首先要改掉自己一叶障目的缺点,才知道如何拭去儿童身上的瑕疵。"[P170]很多教师在教学中,容易犯的一个毛病就是生气,比如一个重要的知识点强调了很多遍,还是有学生出错,老师会很生气地责问学生:"我讲过多少遍了?为什么还是要错?"对学生的斥责恰恰是对他们的不理解,教师越是愤怒到情绪失控,学生越是难以达到教师理想的状态。儿童难以反抗教师,对于儿童来说,教师是神圣的,当神圣的人对他们勃然大怒,他们会表现出羞怯、撒谎、恐惧等进行自我保护,他们不能全然明白这种情绪或精神上的不公正,逐渐就会变得压抑或扭曲。想要成为一名受学生喜爱的老师,要做好全方位的准备,并俯下身来,与学生一起平视这个世界。

(三)提供教具

蒙台梭利非常重视教具,她强调要为孩子提供适合并吸引他们的教学用具,对他们进行感观的培养。但同时她否定了玩具、游戏的作用,比起玩玩具,儿童有更紧要的事情要做,那就是劳动。劳动是儿童的生命本能,劳动可以塑造个性。但蒙台梭利提到的劳动与成人的劳动是不同的,她认为儿童不能参与社会生产活动,他们的行动是作用于实实在在的物品上的。我并不认同这一观点。虽然儿童的社会化程度还不够,创造的劳动成果和社会财富也并不高,但我们也应该相信儿童是有能力为这个社会做出改变的。新时代强调加强落实劳动教育,培养学生树立正确的劳动观念,培养学生热爱劳动和劳动人民,养成爱劳动的习惯。劳动不同于单纯上课接受相关的劳动知识,劳动需要学生主动去参与实践,获得体验和感悟。

(四)维护儿童的权利

法律赋予了人类权利和自由,维护了成年人在法制社会共同的福祉。成年人可以在自身利益受到侵害时拿起法律武器保护自己,但婴幼儿却很难拿起法律的保护盾。蒙台梭利在书中也指出:"国家如此严格地规范各种条文,热衷理顺最细微的社会责任,但就是一点也不想去了解那些未来父母的能力,不关心适时保护子女成长发展。国家也从来没有适当地指导父母如何做好准备。"[P246]父母给了子女生命是不够的,在孩子独立自主前,父母应科学地教养他们,使他们的身心做好独立的准备。国家和法律也应对父母进行培训和教育,使家长成为合格的家长。大部分的家长都尽其所能,为孩子创造良好的生活环境和条件,注重对孩子的身体养护。由于生活工作的繁忙,大人无暇顾及孩子的心灵,可能觉得有了物质基础,孩子就会是幸福的,家长都爱说的一句话就是"我这么做都是为了孩子"。人们也经常说:"父母多么爱孩子啊!"那孩子就不爱父母了吗?儿童期的孩子将所有纯洁的爱都给了成人,他们希望成人在他们身边,喜欢成人的关注和陪伴。一旦错过了这个时期,儿童爱的敏感期就消失了。为什么现在一直在提用一生治愈原生家庭的伤痛?因为孩子在发展敏感期经历的由成人带来的伤痛会一直持续,甚至影响孩子的人格。这种伤痛大多不是肉体上的伤痛,而是扎在孩子内心世界的一根刺,所以家长压根注意不到。读了蒙台梭利的书,家长至少应该要有这样一个意识,儿童也有权利,成年人要尊重他们身心健康发展的权利,摒弃为孩子代劳一切的控制欲。同时也要关注儿童的心理发展,丰富儿童的精神生活,父母不是儿童的建设者,而是守护者。

教师的使命就是教育,教书只是一种途径,教育的最终目的是育人。教师面对的是活生生的人,人拥有复杂的内心世界,仅仅灌输知识,不提升学生的思想和精神境界,难以培育真正的人。发现和解放儿童的心灵需要教师、家长和社会为他们创设有利的环境。如今,随着社会的进步,研究者对儿童不断地探究,我们越来越重视儿童的权力,也逐渐关注到儿童身心发展的规律,尝试用更科学合理的方式去教育儿童。读完本书,我觉得教师应该拥有教育的情调,以开阔的心态审视自己,豁达的心态面对学生,让教育充满温度。

心理学家阿德勒说过:"幸福的童年治愈一生,不幸的童年需要一生去治愈。"孩子在童年时期受到的心理创伤可能会成为成人精神疾病的潜在诱因。我们的童年已一去不复返,我们能做的唯有让自己的孩子或学生拥有幸福美好的童年。这是件非常神圣严肃的事情,你是他们的整个世界,你的一举一动都可能会对孩子产生很大的影响。你应该产生敬畏之心,不随意打压和斥责孩子,试图去理解和关爱孩子,耐心地聆听他们的心声。

教育的情调在『三观』中的体现
——读《教育的情调》

张瑞

摘要：教育的核心一定是爱，毋庸置疑，没有爱的教育不能称为教育，只能称为机械的教学。当我们真正爱孩子，把爱献给孩子时，教育活动才有了美好的情调，这种美好的情调蕴含在一些拥有浪漫主义色彩的学生观、教师观和教育观之中。有教育情调的老师是可以用教育的眼光"看到"孩子的，对孩子的体验保持敏感和机智；有教育情调的老师是会认识到"你就是你的教育学"的，会把学科知识融入骨血从而散发出诱人的"学科体味"，并向孩子们发出诱人邀请；有教育情调的老师是会迷恋孩子成长的老师，对孩子成长中的可能性、好奇、秘密感到欣喜，能够走进孩子的内心从而理解孩子。这是《教育的情调》这本书想要告诉我们的，也是我从这本书中学习到的最深刻的三点。

关键词：爱；《教育的情调》；敏感；"三观"

马克斯·范梅南教授是加拿大具有国际影响力的教育学者，获得过美国教育研究协会"课程和教学终身成就奖"。受到奥地利哲学家胡塞尔的影响，他成了"现象学教育学"的重要创始人。他还著有《教学机智——教育智慧的意蕴》《儿童的秘密》《实践现象学》等作品。正如范梅南教授所认为的：现象学教育学就是想让我们摆脱理论和预设的概念，将我们的成见和已有看法、观点先搁置起来，并进行有益的反思，形成一种对具体教育情境的敏感性和果断性。后来，范梅南教授的弟子李树英教授把《教育的情调》翻译成中文，并添加了中国本土的现象学教育学研究成果，把现象学教育学的研究和实践在中国推广开来。

　　我所阅读的就是马克斯·范梅南教授的这本《教育的情调》[①]，全书正文连同后记只有 177 页，探讨了"教育的敏感和机智""了解孩子充满可能性的世界""孩子好奇的体验""表扬和肯定的重要性""纪律的教育学意义"等 16 个话题，《教育的情调》不是一本教育技巧指南，而是一段寻找教育情调的旅程。在这本书中，通过一个个小故事，我们看到真正的教育者应该是敏感而机智的，知道什么对孩子合适、什么不合适，知道该说什么、不该说什么，关注孩子的独特之处，关注孩子的个体生活世界。该书旨在让教育者操持敏感和机智，看到孩子的内心，从而探寻到教育的情调，让教育和成长变得更加美好而充盈。

　　读完这本书，我懂得了更加辩证地去看待教育专业知识和教育情调的关系。读研以来，我一直在加强自己的教育学专业知识的学习，追求教育专业知识的提升，以前觉得如果我能有更多、更专业的知识，就一定能"搞定"所有的孩子，但是看完了这本书，书中的观点却让我耳目一新，那就是我们应该有教育的情调，要进入孩子的内心体验世界，培养教育的敏感和机智，简单说就是从心出发，读懂孩子的内心世界。我想专业知识和教育敏感与机智是相辅相成、互为补充的。如果说拥有专业知识和能力能够更加游刃有余地去处理与孩子的相处，那么拥有教育敏感和机智就更能走进孩子的内心了。只有专业知识而缺乏温度，只有温度而缺乏专业知识都会是蹩脚的。"教育学是一门复杂而细腻的学问。教育学指向的是一种能积极地分辨出对成长中的孩子而言什么适合、什么不适合的能力。"[P10] 也就是说，智慧的教育者应该是敏感而机智的，他们会针对不同的情境、不同的孩子采用不同的行为。所以，教育就不只是老师向孩子传授知识，而是"成年人与孩子相处的一门学问"。而在马克斯·范梅南看来，带着一颗爱孩子的心才能更好地走进孩子的内心世界，爱才是激发教育的情调、触发教育敏感和机智的开关。那在马克斯·范梅南看来，拥有教育情调的老师应该有怎样的学生观、教学观、教育观呢？

---

　　① 马克斯·范梅南著，李树英译，教育科学出版社 2019 年版。下文未注明文献来源的引用均出自该书。

一、学生观:每个孩子都需要被"看到"

马克斯·范梅南教授在第五章写到,每个孩子都需要被"看到"。他认为在孩子眼中,看到就是被注意到,并得到老师真诚的回应。而在日常生活中,很多教师确实是看到孩子走进教室,看到他们在听课、写作业、玩游戏,但孩子们却没有感觉被"看到",这是为什么呢?书中说,这种被"看到"的感觉"意味着被承认是一个存在的人、一个独立的人和一个成长中的人"[P45]。所以我们的孩子需要的"看到"不仅是被看到,更多的是被注意到,并得到老师真诚的回应。这种"看到"应该是每个教师在意识中都应该拥有的一种教育敏感性,而这种教育敏感性也是源自爱学生,朱自清在《教育的信仰》中谈到教育者的人格时,这样认为:第一先须有温热的心,能够爱人,须能爱具体的人,不是爱抽象的人。能爱学生,才能真的注意学生,才能得学生的信仰;得了学生的信仰,就是为学生所爱。书中举了两个幼儿园孩子的例子让我们知道"看到"孩子的重要性,麦克因为老师对他的"视而不见"而失去了分享欲,而马克幸运地遇到了一个能够"看到"孩子的老师,老师在每天放学时与孩子们握手并一一给予恰如其分的评价,这成了孩子们每天平凡而又特殊的仪式感,让学生有了被"看到"的体验,由此,这一天,这一段生命被赋予了特别的意义、特别的色彩。通过麦克和马克被不同老师的不同对待,我意识到"看到"每个孩子的重要性,哪怕是简单的问候和道别。我们要意识到"握手和口头问候的时刻是老师与孩子难得的彼此面对面的时刻,我们可以通过握手分辨出这是害羞的握手、胆怯的握手还是充满自信的握手。同样地,一天结束时的道别,给我们提供了一个对刚刚过去的一天进行检查和回顾的机会"[P47],从而关注到每个孩子,让孩子感觉到自己是被爱着、被关注着的。

那么,我们该怎样看孩子呢?书中给的建议是:从教育学的角度看孩子。马克斯·范梅南教授非常重视孩子的体验,大到教室里的布置,小到学生的表情、动作,老师的心情、眼神。他认为:"优秀的老师会关注课堂里学生的生活体验,对课堂里的教学活动有一种特有的敏感,并能捕捉每一丝细微的心绪变化,以随时调整自己情绪、讲授和互动的节奏。"[P137]而一些教育者虽然有着扎实的教育学和心理学知识，却对孩子当下情境的体验感不够敏感，这表现为不合时宜地表扬和批评让孩子们滋生虚荣或是陷入窘迫，又表现为不能体察孩子的行为，而是把孩子发生的行为当成没有生命、没有感情的理论模型，分门别类地放到一个个提前准备好的文件包里，简单地诊断孩子的行为，忽视孩子的独特性。

我们都知道表扬和肯定在教学中是扮演着重要角色的，著名的皮格马利翁效应正是描述了教师的肯定和期许的作用，但马克斯·范梅南教授在《教育的情调》这本书中并不是一味地吹捧表扬和肯定的作用，他认为："表扬和肯定既可能带来积极结果，也可能带来消极结果。表扬应该是有意义的，而不应该是不加区别地给予的。"P52 在教育过程中，让我们感到为难的是：平等地表扬某一个孩子会使表扬失去意义，但有时候表扬了某一孩子却不小心让他感到窘迫。马克斯·范梅南教授在书中举了一个例子：在一次学科测验结束成绩出来后，班上绝大多数学生都是不及格，只有两三位学生及格，杰克森老师愤怒地责怪这些学生没有脑子，却表扬了满分的莎拉。看到这里我不禁想：如果我是莎拉，我的内心应该也会很复杂吧，老师的单独表扬让我有了一种坐在天平高处的飘飘然感，有点骄傲甚至虚荣，但一想到在天平另一端的同学们我又有些窘迫，同学们会因此孤立我吗？我们都知道在公共场合或其他人在场时，孩子对表扬的感受是更加强烈的，这些应该是老师在进行表扬前要预设到、体察到的，作为老师应该意识到表扬和肯定固然重要，但对孩子的表扬也要注意时间和空间，对孩子的体验要保持敏感。

另外，书中还描述了一位拥有很多临床知识的心理医生对大脑发育比较迟缓的小丹尼进行诊断测试，这场测试是在一个陌生的房间进行的，小丹尼因为感到害怕而大哭，面对小丹尼的困境心理医生无动于衷，只是让他别哭，自己却沉浸在心理理论材料中去观察此时的情境。同样地，这位心理医生看到好动的孩子，就下意识地把他们归入注意缺陷多动障碍等模型，以相关理论模式诊断孩子，却忽视了孩子们敏感的心灵。在这个例子中，我们也可以看到，心理医生这种缺乏"敏感性"，缺乏一种周全的、充分体贴他人的思想，"自以为是"地用冷冰冰的理论知识，用看似诊断无数孩子的"经验主义"来对待当下,这是不可取的。在教育孩子的过程中,我们不要忙着用技术性、诊断性和工具性的语言给孩子分门别类,遇到问题只是试图从"文件包"中找出某一种具体的技术方法、一种行为疗法来对付这类孩子,这样很容易忽视每个孩子的独特性。作为教师,我们要用教育学的眼光看孩子,意识到儿童是发展中的人,要全面地观察和了解孩子,帮助孩子从他们自己的兴趣中增长见识。正如书中所说:"智慧的教育者形成了一种对独特性的独特关注,他们关注孩子的独特性、情境的独特性和个人生活的独特性。"P11

李振涛教授说:教育学是一门复杂而细腻的学问,是面向可能性、独特性这一"生命事实"的学问,是面向每一个个体所拥有的不可替代的生命体验、成长体验的学问。它蕴含了一种"教育学的角度"和教育学式的"看":"保存""保全""尊重"和"保护"每个孩子的独特体验。所以教师也要警惕一点,那就是不要把自己以为好的东西强加到学生身上,不要"我觉得"。如果把自己的想法强加到孩子身上,那么,这对于孩子来说无疑是酷刑,这无疑是在扼杀孩子的独特性。每一个孩子都是特别的孩子,他们有属于自己的童真和自己的处事原则。如果成年人或者"自以为是"的教育者用一种"高傲"的眼光看待他们,他们是能深刻感受到一种"不快乐"的,但往往大人不会感受到,他们可能会用"为你好""你应该""你需要"这样命令的语气去要求他们的孩子。这样怎么会产生共鸣呢?所以,关注每个孩子的独特性,尤为重要。这是一门复杂而细腻的功课,而教育的细腻其实是我们对待别人的细腻和爱,细心、耐心这些品质都是教育者应该具有的。正如书中所说的:"教育的敏感性和机智是一种特殊的才能,它与我们的为人处世方式有关。"P12

顾明远院长说教育情调的核心在爱,把爱献给每个孩子,在教育活动中就有了美好的情调。我们首先要心怀"教育爱",用教育学的眼光"看到"孩子,带着对孩子体验的敏感走进孩子的世界里去体验,去倾听孩子的声音,看到孩子的独特性,因材施教,促进他们成长。其次,我们需要在教育实践和反思中使自己对学生充满敏感性,在教育情境中反复训练自己。关于教育的机智,很大程度上是指对孩子的体验敏感体察后的合适应对,是水到渠成的事。

二、教师观：你就是你的教育学

马克斯·范梅南教授在书中提到这样一段话："不管我们喜欢还是不喜欢，成年人总是不自觉地在被孩子模仿，对孩子产生正面或负面的影响。孩子把成年人当作了模仿范本，经常会问：'为什么你总是叫我做这做那，但是你自己从来不做？''为什么你这么关心我的成绩单，而对我的作业毫无兴趣？''为什么你们有钱买新车，却没钱买机票去看望奶奶？'"[P96]在书中有个小故事让我触动颇深，一个母亲自己对小提琴不感兴趣，却对不想练琴的孩子怨声载道，让自己和孩子处于苦闷之中，而在附近的另一个家庭里，父亲悠然地演奏大提琴像是对孩子发出邀请，受到父亲的影响，孩子拿起了自己的小提琴和父亲合奏了起来，画面温馨美好。艾默生说过："我们是什么，我们便只能看见什么。"孩子就像是我们的一面镜子，我们无时无刻不在向他们展示我们的生活方式，我们的行为习惯，我们处理事务的方式，因此我们需要时刻反思是否希望孩子像我们这样去生活。从这个角度来看，我们需要让自己成为一个更好的大人，这样，孩子就成为我们的老师。当我们为了孩子能成长为更好的大人，以身示范做一个好榜样，引导孩子认识到应该怎么做时，我们就成为一名真正的教育者了。正如刘铁芳教授所说："我们能看见什么样的孩子世界、什么样的知识趣味、什么样的教育世界，关键在于我们自己是什么样的教师、什么样的人。教师站在学生面前，你自身、你的整个姿态就是课堂影响力的源泉，你就是你的教育学。"在学校中，学生经常会去比较不同的老师，并给予他们相应的评价，我们会发现在师生交往过程中，我们很难去伪装自己，比如一个没有幽默感的老师刻意去讲笑话，学生不会觉得幽默，只会觉得尴尬，一个自己都不遵守纪律而迟到的老师，更不可能约束学生按时上课，一个自己都不喜欢阅读的老师怎么要求学生爱上语文呢？因此，教育者要特别注意在学生面前如何呈现自己，不仅要表里如一、言行一致，还要与自己所教授的知识融为一体。

我们在读书生涯中不难发现，很多学科老师身上是散发着学科气质的，比如迎面走来一个手臂下还夹着诗集的女老师，我们可能在心里就会暗暗猜测她应该是语文老师。为什么会有这种现象呢？马克斯·范梅南教授认为："'你教什么，你就是什么。'……一位真正的数学老师的身上处处体现着数学，他生活在数学之中，从一个特别的意义上说，他就是数学。"[P99]教育者想要让学科知识融入骨血，就不仅要掌握所要传递的知识，也要了解这些知识与自身的关系，更要热爱这门学科，这里的热爱是指发自内心地想要挖掘这门学科的内涵，并努力与它建立联系，让它成为灵魂中的一部分，简而言之，这不是简单地喜欢某门学科，而是努力地与学科知识建立某种休戚与共的关系，因此教育者想要孩子喜欢上某一学科，首先要让自己成为那门学科。比如一位喜欢阅读的老师，他会随身携带一本书，准备随时阅读，因为拥有超出常人的阅读量，谈吐气质都与众不同，自带书香，在他的影响下，学生们也喜欢上了阅读，这种影响会比普通老师声嘶力竭地强调无数遍阅读的重要性要有用得多。我们要做那个随身携带诗集的语文老师，做那个发现生活中的数学知识的数学老师，做那个摸到黑白琴键就感到幸福的音乐老师，做那个发现阳光照在教室的墙面上就"拢起双臂，带着惊讶的微笑观察着这个现象"的自然科学老师，这样的老师身上所散发出来的学科的体味会在无形中带有一种神秘的力量吸引着学生去这门学科里一探究竟。这样的老师才是知识的使者，通过自身散发出的魅力向学生发出诱人的邀请，这样的课堂是有生命力的，是一种爱的教育，听这样的老师上课一定是一种享受。因为正如马克斯·范梅南教授所说的："一位好老师并不是碰巧去教教数学或诗歌，他本身就体现着数学或诗歌。好老师和他们所教授的知识已融为一体。"[P101]我们要明白的是，教育的责任不仅是传递知识，教育者不仅是知识的搬运工，教育更多的是需要教育者的言传身教，教育者需要发挥一种榜样的作用，在与孩子相处的过程中，潜移默化地影响着孩子的言行。所以，这就需要教育者保持言行一致，把学科知识融入身体，对孩子形成一种天然的吸引力，这才能让孩子信服，才会成为孩子们真正的榜样。

三、教育观：教育学就是一种迷恋他人成长的学问

学习教育学这门学科让我们必须面向孩子，但我们对孩子进行教育的持

久动力是什么呢？现实生活中，很多老师成为教育专家，纯粹是因为他们觉得孩子太有趣了！确实，有人成为老师、心理学家或儿童文化的专家，就是因为他们出自本能对孩子的成长历程有极大的兴趣。这一点在《教育的情调》这本书中也有所体现，书中说："当一个女人发现自己怀孕的时候，她就好像变了一个人一样。那不仅仅是子宫的变化，她的整个身体，她的整个人都发生了变化。以前，她可能对孩子不感兴趣。但是现在，她发现身边到处是孩子。有些女人惊讶地发现，生平第一次，她那么想要抱抱孩子，或者及时地去帮助一个孩子。"[P78]这在某种意义上可以说，是出自一位母亲身体的本能，是一种本能的母爱。那些"怀孕了"的老师（有了学生的老师）也应该是如此，出自本能地爱学生，从而关注到孩子。只有当我们真正感受到教育作为一种召唤去激起我们爱孩子的本能时，我们与孩子的相处才会有教育学的意义。马克斯·范梅南教授在书中说道："孩子之所以是孩子，就是因为他们在成长，在体验着生命，同时也在体验着生活的各种可能性。"[P17]我们要意识到孩子是一个正在成长过程中的人，所以他们的生活充满了可能性，可以去体验任何可能性，包括犯错，这才是教育学存在的意义，这样的教育者才是有教育的情调的。正如马克斯·范梅南教授在另一本现象学教育学著作《教学机智——教育智慧的意蕴》中所说的："教育学就是一种迷恋他人成长的学问。"那孩子在成长过程中是什么样的呢？书中给我们列举了孩子充满可能的世界、孩子好奇的体验、孩子对秘密的体验、孩子是天生的宽恕者等。

首先，马克斯·范梅南认为孩子的生活充满了可能性，正是如此教会了我们心怀希望和保持开放。在马克斯·范梅南看来，孩子在降临时就给了我们一个偌大的礼物：体验可能性。孩子生来就像是一张白纸，我们如何去向他们描绘这个世界的可能性对孩子有着至关重要的作用，正是孩子的未来充满了可能性才会让我们心怀希望，因为在与他们接触的过程中能让我们仔细审视自己的生活，我们会思考："我们如何将这些可能性展示给他们？什么样的世界才值得我们去展示？"[P19]在和孩子的日常相处中不断地反思自己，从而转化为自我教育，跟孩子一同成长，我们从孩子身上感受到成长的力量，并通过他们的探索和实践，感受到生活的更多可能，也可以说是孩子教会我们心怀希望和保持开放。马克斯·范梅南在书中说过:"希望从一开始就存在,在第一次胎动时就存在……比如,我希望这个孩子很健康。不夸张地说,一个怀孕的女人和希望是生活在一起的。"[P120]从某种程度上说,是这样的。父母都会这么说"我希望他……"其实,孩子总是和希望并存。因为我们在他们身上看到了生命的可能性,也就看到了生命的希望。但是,有时候这种希望会变成我们过分的期盼,让孩子感受到沉重的负担。我们需要反思的是,我们把所谓的希望还有责任加诸孩子身上是正确的吗?这是他们想要的吗?答案是否定的,这些其实是我们大人想要的,我们把希望寄托到孩子身上,以爱之名,捆绑了他们。成绩、名次、能力、技能等一道道枷锁把孩子困于其中,压得孩子喘不过气来。所以无论是家长还是教师,不仅要看到孩子生活中的可能性和希望,还要有教育的敏感性,能够引导孩子健康地成长,而不是以快乐为代价,让孩子的童年变得不快乐、不完整。而家长和教师更要以身作则,成为一名好的学习者,因为我们也是孩子的榜样,我们的一言一行也在影响着他们尚未发育成熟的幼小心灵。与此同时,我们也要让孩子学会思考生活,思考活着的意义,让他们热爱生活的同时努力奋斗,过上自己想要的生活。

对于孩子好奇的体验,马克斯·范梅南认为:"真正的好奇不是问好多好多的问题。我真正感到好奇,是在所问的问题以某种方式返回我这里,或是当问题被沉寂,好奇的沉寂缠绕和包裹着的时候。"[P29]孩子的世界充满着好奇,充满着可能性。高普尼克在《园丁与木匠》中也提到,混沌是孩子的主旋律,童年充满着无限的可能性,他们的主要任务是探索。你会发现在孩子的眼中什么都是新鲜的,什么都是未知的,然后再结合他们无限的想象,也许能够带来无限的创造。所以在现实生活中我们难免会被孩子们问:"这是什么?那是什么?那有什么用?这房子怎么这么高?"孩子是经常会问问题的,而且经常是一直追问的。大人往往误以为孩子是不认识这个事物,期待得到大人的解答。但是,孩子也许并不陌生,只想通过问问题得到大人的关注,享受有人和他一起沉浸在快乐的充满可能的世界里,并期待成年人谈谈这个世界,正如书中所说:"提问'那是什么'是想得到一个空间去对话,去思考,去好奇,去惊讶。"[P26]那么,孩子天生的好奇心究竟是什么?为什么会这样?它是怎么来的？它是好是坏？究竟什么样的好奇心应该得到鼓励？这些都是值得探究的问题。书中的例子体现出好奇心的不同：有的是对事物缺乏深层次了解的兴趣，他的好奇就仅仅是浅层面的，甚至为了自己的好奇，失去了对生命的敬畏和尊重；而有的则是满怀对生命神秘的好奇和兴趣，体现了对生命的敬畏和保护。需要仔细辨别孩子的好奇心，从小培养孩子对生命的敬畏和尊重。否则，缺乏对生命的尊重的好奇心只会害人害己。另外，作者认为："这个世界上存在一种早熟的好奇心，他只是偶然出现而且十分肤浅，它几乎对孩子适宜的成长没有什么作用。当大人的回答过急地催促孩子了解对他们来说还为时过早的事物时，就出现了早熟的问题。"[P28]当孩子本该在下一个阶段了解的事物过早地被掌握了以后，那么他就不会对这个事物产生好奇。因为一旦知道了答案，是否有其他可能的问题答案已经不再重要了。这就是早熟的危害，从源头上磨灭了孩子好奇的天性。大人的这种行为其实在无形之中将孩子的好奇心扼杀于摇篮之中。面对孩子们的提问，成年人应当尽可能地帮助他们保持活跃的思维，从一个问题引向另一个问题，一步步走向答案，多跟他们交流，多说些话，也可以讲一个故事丰富他们的语言和想象力，让他们对这个世界有更多的了解，保持他们的好奇。什么才是能够回答孩子问题的好故事呢？其实，能够保持孩子的好奇和童心就是适合孩子的好故事，而不是一番报告一般的回答。正如书中所说："对一个具体的孩子而言，一个合适的答案就是一个属于他的故事。一个能提供答案的好故事会使孩子一直保持提问的兴趣。一位富有机智的教育者会让孩子一直保持提问的兴趣。"[P32]作为教育者，我们应该了解孩子好奇心的本质，思考如何抓住孩子的问题，并用浅显的方式去深化；思考如何在恰当的时机，营造恰当的环境，让孩子沉浸在问题中，去探索、观察并思考。

另外，马克斯·范梅南认为："秘密是人成长的一个关键方面，孩子们发现自己有了秘密，就意味着他们内心世界的诞生。"[P89]"秘密是孩子未来独立生活的起点，这可以帮助孩子形成一种自我感、责任感，以及自主性和人际交往的亲密性。"[P88]作为老师，作为大人，我们应该认识到孩子拥有秘密并开始保守秘密是成长和成熟的标志。我们需要的是尊重他们，给他们足够的私人成长空间,但也要留心观察、监督、引导,尽量做到该倾听的时候倾听,不需要理会的时候,就尽量做个透明人。所以,身为教育者,悉心照顾也要有所克制,尊重孩子作为独立的个体,保持跟孩子恰当的距离。

最后,马克斯·范梅南教授认为:"孩子是天生的宽恕者,宽恕父母是因为爱他们。无论我们怎样来估量孩子对父母的爱都不会过分。一个孩子可能在身心上受到过伤害,但是和父母重新建立爱的愿望永远也不会在他的心中消失。"P130

世界上没有完美的人,也不会有完美的教育者,我们可能会在有意无意中误伤到孩子的心,但孩子却是天生的宽恕者,会因为爱选择原谅。这让我想起网上一个 6 岁男孩写的诗《我不感谢妈妈》,令人哭笑不得。诗中罗列了妈妈的各种"罪状":给我出卷子、逼我写练习册、罚我站墙角等。控诉完妈妈的"罪状"后,孩子又写道:"没有妈妈,就没有现在的我,我不感谢她,我感谢谁呢?"尽管孩子在成长过程中会评判父母的失败与不足,但最终都会去理解和宽恕父母,这种理解和宽恕源自孩子对父母的爱,这个道理同样适用于老师,就像马克斯·范梅南说的:"老师是处在替代父母的地位上。"P131 但是,孩子对我们的宽恕并不意味着我们就可以忘记这些错误,我们应该引以为戒,不要辜负和滥用这份信任与爱,要让学生感受到我们对他们的爱,我们需要从教育学的角度去看待孩子,去理解他们、信任他们,进而建立起爱的关系,我们需要意识到老师的理解和信任对孩子们的人格、学习、成长的影响是不可估量的。

成长中的孩子是充满无限可能的,对于心中有爱的老师来说,孩子的成长带有一种天然的吸引力,指引着我们去发现、去探索、去走进孩子的内心世界,尝试理解他们成长中的问题,并适当地引导他们。就像马克斯·范梅南教授所说的:教育学就是一种迷恋他人成长的学问,这才是有教育情调的老师应该有的教育观。

总之,做教师这个职业,我们的心中一定有一种"教育爱",只有心中有爱才能用教育学的眼光"看到"孩子,才会把最好的自己展示给孩子,把学科知识融入自己的身体,向学生散发出天然的一种关于知识的吸引力;才会对孩子的成长感兴趣,走近孩子,走进孩子,理解孩子,引导孩子。这种"教育爱"在无形中推动我们去形成有教育的情调的"三观",愿我们每一个读了《教育的情调》的大人,都能心中有爱,让孩子感受到教育的情调!

我们还可以做得更好

——读《第56号教室的奇迹》 孙靖

摘要:在这个充满奇迹的56号教室里面,正是因为雷夫老师对学生的关心爱护,以及对教师这个职业的热忱,他才会在教育过程中不断考虑学生的全面发展,对他们进行有益于人格成长和终身发展的教育,才能将一批批普通的学生送上名校,改变他们的人生。正是出于对学生和教师这个职业的热爱,我们才会对自己提出更高的要求,认为还可以做得更好,我们的学生可以变得更加好。这样才能够培养出有行为准则、具备终身阅读能力、懂得经济学知识、能够独立思考的"四有"学生。

关键词:"四有"学生;"三好"教师;《第56号教室的奇迹》

《第56号教室的奇迹》①的作者雷夫·艾斯奎斯,被称为美国最好的教师,同时他也只是一个普通的美国公立小学的五年级教师。从他的履历可以看出,他一直以来都在洛杉矶市的霍巴特小学担任老师,但就在这个平凡的岗位上他做出了不平凡的成就,带领班上的学生创造了一个又一个奇迹。

而这个奇迹发生的地方——"第56号教室",就在美国洛杉矶市一所看似寻常又不那么寻常的公立小学里面,这所小学位于一个充满暴力的区域,大部分学生出身贫穷,而且还是母语为非英语的移民。同时教室的环境也不好,常年漏水。雷夫老师在这样一个不算特别好的教室环境里面,带着一批资质不算特别好的学生,负责这个班级的几乎所有科目的教学,从毕业之后工作至今,创造了轰动全美的教育奇迹:那些似乎注定平凡的学生在全

---

① 雷夫·艾斯奎斯著,卞娜娜译,光明日报出版社2014年版。下文未注明文献来源的引用均出自该书。

国的测试成绩高居全美前 5％，长大后纷纷就读于哈佛、斯坦福等顶尖大学，并取得了不凡的成就。

在这本书中，雷夫老师把他的想法和在第 56 号教室发生的一系列事情写了下来，看似一个个小故事，但是里面包含了他的教育思想和理念。通过阅读这本书，我看到了一个普通教师在教育过程中都会遇到的种种事件——有的学生在代班老师上课时不遵守规则，在阅读写作或者数学学习上存在障碍，等等，雷夫老师的处理方式对于今后要步入教师行业的我来说有很好的指导作用。同时在这本书中，我还看到雷夫老师对孩子们的热爱——他做所有的事情都是为了孩子的成长，牺牲自己的业余时间带着孩子们一起看书，看电影，批阅孩子们的作文，带着孩子们做公益，排演话剧，等等；看到雷夫老师对于教育事业的热忱——他不断吸收新的教育理念，更新自己的教育思想，不断地反思自己的教育过程，根据孩子们和其他人的反馈来更新自己的观念。雷夫老师在书中一直强调：我们还可以做得更好。这既是对自身的要求，也是对孩子们的自信。

一、培养"四有"学生

我们还可以做得更好，我们不应该局限于教孩子们知识，让他们应付考试即可，我们应该对自己提出更高的要求，同时相信孩子们可以做得更好。

（一）培养拥有自己行为准则的学生

雷夫老师通过科尔伯格的"道德发展六阶段"理论，联想到可以用这个理论来教育孩子。他在书中提道："信任是地基，'六阶段'是引导学生学业和人格成长的基础建材。"[P15]这六个阶段的思维是层层递进的，但是不同阶段的思维可能会同时出现，作为教师，我们要帮助学生树立正确的思维，防止思维误区的出现，帮助学生的学业和人格更好地成长。

第一阶段，"我不想惹麻烦"。孩子们多半都处于这一阶段，我们经常可以听到老师或者家长说："今天作业没写完的，放学后留下来补作业。""你要是在学校不好好表现，老师来跟我告状了，看我怎么收拾你。""你今天作业写完了没有，我检查出来要是有问题你就等着挨揍吧。"在这种氛围之下，孩子们可能能够好好写作业，也会在各种情形下表现良好，但是动机都是出于不想被骂、不想被罚、不想惹麻烦。他们没有意识到学习和写作业是为了获得知识来促进自身的发展，在这种动机激发下学习的孩子很难获得成长。

第二阶段，"我想要获得奖励"。这个阶段的思维也是家长和老师经常会出现的误区。家长和老师会在孩子们表现好的时候给予一些奖励，会在考试之前应允如果有好的结果会给予一些他们期待已久的奖品等。这种激励行为出现在很多的教室和家庭当中，但是我们应该要让孩子们知道，作为一个学生，好好学习是应该的，考出好的成绩不是为了家长或者老师，而是为了自身的成长，在这个过程中学习到的知识本身就是对自己最好的奖励了。

第三阶段，"我想取悦某人"。在孩子们慢慢长大之后，会开始做一些事情来取悦大人，既包括家长也包括老师。老师其实很容易被这个糖衣炮弹给打败，试想一下，当一个孩子表现非常好，帮了你许多忙，你问他需要什么奖励时，他回答你不需要，他是为了你这么做，他觉得帮助老师是一件非常光荣的事情时，你是肯定会觉得非常自豪的，而且这件事情本身也没有什么问题。但是我们还可以做得更好，我们要告诉孩子们，你们做这些事情不是为了讨好老师或者家长，你们做这些事情是因为这本身就是对的事情。而且这种心态其实有一个非常大的隐患，孩子们在读书期间一直抱着取悦某人的心态，他们可能本身不爱自己学的专业，不爱自己的工作。在进入社会以后，当他们发现没有需要取悦的人时会无所适从，甚至一直抱着取悦别人的心态活着，导致自身压力过大，引起不好的后果。

第四阶段，"我要遵守规则"。大部分的老师在建设班级之后做的第一件事情就是制定班规，告诉学生们可以做什么，不可以做什么，而这个阶段的孩子们也能够做得很好。在看这本书之前，我觉得如果我作为一个班主任，我班上的孩子们能够做到这一点，我应该就很欣慰了。但是雷夫老师不是这么觉得的，他会告诉孩子们："规则固然有其必要性，然而在我们最景仰的英雄当中，有许多人之所以能成就伟业，正是因为他们不守规则。"P20

第五阶段，"我能体贴别人"。无论是孩子还是大人，要做到第五阶段都不是一件简单的事情,如果每个人都能够体贴别人,那世界上一定会减少非常多的争端和不必要的麻烦。所以我们可以试图让孩子们慢慢朝这个阶段去努力,告诉他们第五阶段思维的意义。

第六阶段,"我有自己的行为准则并奉行不悖"。这个阶段对孩子们来说是最难达到的,同时也是最难教的。这个阶段是不能通过教育来达成的,需要教师寻找一些合适的材料,让学生自己阅读名著或者相关电影,通过自己的生活经验去感悟。作者通过一个小例子来说明什么样的情况是达到了这个境界。班上的一个女生做了自己认为对的事情,并不需要让大家知道,不需要得到大家的认同和夸奖,只是做了自己想要做的事情。这就算是有自己的原则,不为外物所影响来为人处世。

作为教师的我们,在今后的教学生涯中当然也要朝着这个目标去努力。希望自己能够帮助学生避免出现前三个阶段的思维误区,更好地确立自己的行为动机。在遵守规则之余,能够有自己的思考,敢于反抗自己认为不对的规则,坚持自己的想法。能够在日常生活中体贴他人,为人处世有自己的行为准则,在面对任何事情的时候做到无愧于心。

(二)培养有阅读能力的学生

读了《培养终身阅读的孩子》这一章节,我深刻地感受到,作为一名预备役人民教师,今后将对学生提升阅读能力发挥巨大作用。

阅读对于小学生发展个性、提高语文水平、智力开发、形成良好的道德品质有着十分重要的作用。阅读量大、阅读面广可以使孩子的个性健康地发展。阅读好的作品不仅提升人的素养和修养,丰富人的思想感情,还能够使每个孩子的个性都得到发展,以适应社会发展的需要。书中提道:"要让孩子在长大之后成为与众不同的成人——能考虑他人观点、心胸开阔、拥有和他人讨论伟大想法的能力——热爱阅读是一个必要的基础。"[P32]

第一,教给学生读书的方法,培养其自主阅读的能力。书中有一个例子说明了大人的指导对于学生的重要性。"雷夫老师带学生去参观历史博物馆,中午就餐时,有一个叫提米的孩子在参观前一天身体不舒服,所以在今天的时候雷夫老师有嘱咐他中午就餐时选择一些更健康的食物。但是，提米在自行选择时还是不自觉选择不适合自己的垃圾食品，这个时候就需要大人的指导了。"P34 大人的指导对孩子来说很重要，有的时候学生不是不愿意阅读，只是不知道选择什么样的书来读，如何来读。作为学生的良师益友，把自己关于阅读的经验传授给学生是很有必要的。

第二，引导学生从优秀文学作品中汲取营养，提高学生的阅读品位。关于作品的选择方面，最简单实用的方式就是结合时代特点，从当代文坛评选出的优秀作品中推荐，这样可以接近生活。根据阅读相关的奖项以及每年一度的高考优秀作品进行筛选。把这两方面选出来的作品编成书目印发给学生，学生读起书来就不会盲目被动了。对于跟不上进度的学生，教师可以给予一定的帮助，在内容的选择上准备一些更加简单的部分来进行阅读，提高他们的阅读体验感。而对于进度更快的同学，让他们读一些更符合他们学习程度的书籍。这样就使每一个学生都能在阅读中体验到读书的乐趣。

第三，不仅仅是语文课上需要阅读，数学也强调阅读相关的书籍，增强学生对于数学知识的理解和认识。初高中阶段的各科老师还可以带领班上的学生成立读书会，阅读不同科目的书籍。

第四，必要的阅读评估也是十分有必要的。只有在学生阅读后进行相关评估才能更好地判断学生学习的程度。至于如何进行评估，可以借用信息技术，从网上寻找合适的资源。

就像书中所说，培养学生的终身阅读能力肯定离不开教师和家长的指导，孩子们需要家长的陪伴，和他们一起读书、一起讨论。首先，我们要以身作则，当个好榜样。其次，善用图书馆。上图书馆是为了建立孩子们的价值观，置身于热爱阅读的人群中对孩子们来说是很有益处的。现在学生的阅读量明显不够，学生阅读没有太多的选择，而图书馆就是最好的起点。再次，挑选文学作品。帮孩子挑好书的方法很多。最简单的方法是分享自己爱读的书，告诉学生自己在看的书籍，引起孩子们的兴趣，继续享受这份阅读的乐趣。还可以找一些儿童文学和网络推荐的小学生必看的书目，效果更好。最后，作为教师要以身作则，用自己的行为带动学生对书籍的热爱，好读书，读好书。作为一名人民教师,我将努力提升个人能力,为培养学生终身阅读能力而奋斗,为培养时代新人而拼搏。

(三)培养有经济头脑的学生

在看到"经济学的天空"这一章节名称时,我就十分好奇。为什么小学教育会涉及经济学?小学生了解经济学有必要吗?带着这些疑问,我阅读了这个章节。读完之后,我深刻地感受到学生了解经济学相关知识的必要性:通过经济学思维的启蒙,孩子的思维格局被拓宽,自主决策能力提升了,能在关键时刻理性地做出正确的选择。作为一名预备役教师,我意识到有必要在今后的班级管理过程中渗透这些思维,让学生们了解经济学以及相关的能力与知识。

一位定居美国的华人妈妈曾经说过:我们小时候,整个社会的风气都认为读书最重要,根本不培养孩子们的经济头脑。到了 40 岁,我才开始考虑如何投资,毫无头绪。现在的小孩,所处的环境不同,我们更要注重培养孩子的经济学头脑和科学思维。

培养孩子的经济学头脑,不只是让孩子建立金钱观,更是让孩子们从小懂得如何去规划梦想、管理人生。懂点经济学,可以说是关乎孩子幸福一生的课题。美国教育基金会会长夏保罗先生认为,想要子女成才,就一定要从他们小的时候开始理财教育。

雷夫老师就在他的班上建立了一套经济体系,在这个班级中,有许多的工作岗位可供学生选择,根据工作岗位的任务多少决定工资水平,同学们还可以通过参加额外的活动来获取奖金。同样地,班上的座位和工具也是需要学生们自行购买的,座位可以按照每个月付租金的形式获得,也可以一次性付三个月租金购买下来。在月底的时候,班上还会举行一次拍卖会,拍卖会上会出现学生们很喜欢的文具等物品,学生们可以根据自己的财务状况自行购买。通过这个体系的建立,班上的学生获得了以下几方面的成长。

第一,他们更懂得组织和规划。由于班级经济体系的建立,每个人都要自行管理财务状况,要记录每天的收支。根据自己的财务情况规划自己的安排,例如在自己的收支平衡不了时,是否需要进行额外的活动来获得奖金等。这种对于自己时间和财务的规划能力,是能让孩子终生获益的能力。

第二,他们更加知道要节省每一分钱。对于大部分学生而言,他们获得的所有东西都是大人购买的,他们想要什么只需要向家长提要求就可以了。这样的背景下,东西来得太轻易,自然不会好好珍惜。但是在第 56 号教室里面,所有的东西都需要靠学生们自己付出时间和精力通过工作得来,他们会更加懂得珍惜。书中提道:"我们喜欢品质好的东西,而孩子们必须努力工作、有所牺牲才能挣得好东西,因此他们更懂得珍惜。"[P131]

第三,他们懂得延迟享受。发展心理学有一项经典的实验,实验者选择一些小孩子进行实验。在实验开始前,给他们每人一块棉花糖并承诺他们如果可以忍住 20 分钟之后再吃就能额外获得一块棉花糖。有很多孩子并没有忍住,直接吃掉了,有一些孩子忍了一会儿没到 20 分钟就吃了,也有一些孩子在 20 分钟之后才吃,最后这些孩子从实验者手上额外获得了一块棉花糖。测试结束之后,很明显忍住的孩子是拥有延迟满足能力的孩子。实验者最后的追踪调查也发展,拥有延迟满足能力的孩子,在今后的人生中更加能够克服实现目标过程中的困难,更加容易获得成就。在第 56 号教室里面,这些孩子在经济体系的构建下懂得了同样的道理:"会存钱且谨慎用钱的人,多半财务状况都优于为了立即享受而乱花钱的人。"[P132]

在社会高速发展的今天,经济学与我们每个人的日常生活方方面面息息相关,大到国家政策的宏观调控,小到我们老百姓的柴米油盐。当我们对一件事情产生思考的时候,就是运用经济学思维帮助人生做选择。著名经济学家萨缪尔森认为:在人的一生中,无法回避经济学。可见,经济学涉及每个人的日常生活。因此,我们需要从小培养学生的经济思维,帮助学生以后更好地适应社会,获得终身需要的能力。

(四)培养有独立思考能力的学生

独立思考能力是学生综合素质培养的基础和关键因素,拥有独立思考能力的学生能够更好地应对今后生活中的种种困难。每个学生都应该具备独

立思考意识以及能力,这些品质是关乎未来取得的成就的大小的。有句俗话
说得好:"授人以鱼不如授人以渔。"让孩子自己去学会获取这些独立思考的
能力,让他对于一件事情有正确的判断,从而更好地发展孩子的思维能力。

雷夫老师也十分重视学生独立思考意识和解决问题能力的培养,在开学
之初就给予班上孩子们一套解决问题的思路:"分四个步骤解决问题。第一
步,理解题目,收集相关资料;第二步,选择合适的策略,(1)付诸行动,(2)选
择运算方式,(3)画图,(4)先猜测再检查,(5)找出模式,(6)制作图表或表格,
(7)逻辑推理,(8)逆推;第三步,解题;第四步,分析自己的答案是否合理。"[P139]
雷夫老师在上第一节课的时候就告诉孩子们,铅笔是帮助不了我们解决问题
的,我们遇到问题的第一步就是要放下铅笔,去理解题目。只有认真思考之
后,才能更好地选择合适的解决策略进行下去,盲目动笔是没有意义的。在
告诉了学生们注意事项和解决问题的思路之后,他会带着学生们进行解决问
题的训练,根据不同的策略进行训练,使得学生们可以熟练掌握每一种解决
问题的方法。

书中写到第56号教室发生的一件事,让雷夫老师意识到:"教会孩子们思
考和解决问题的方法是我能够给他们的最好的礼物之一。"[P150]第56号教室每
年一次的莎士比亚戏剧表演需要安装专业的舞台灯光。这一天晚上,舞台灯
光设备被街道上一些暴力团伙全部破坏了(前面有提到,这所小学所在的地
区还是比较混乱的,虽然雷夫老师班上的学生有一些表现良好,但不是所有
孩子都在往好的方向发展)。不只是舞台灯光设备,还有孩子们的美术作品
也被破坏了,墙上还被喷上各种不相干的图案文字。第二天上课的时候,班
上的孩子发现了这些,马上打电话向雷夫老师哭诉(这一周雷夫老师正好带
着以前的学生出去参观大学),雷夫老师得知之后安慰他们说自己回来之后
会解决的。但是第56号教室的学生们可是经过雷夫老师的"问题解决思维"
训练过的孩子,他们没有等雷夫老师回来,就自己收集资料,打电话给同学,
分派工作。每个人根据自己的能力负责不同的区块,很快完成了这项任务。
这只是班上发生的一件小事情,类似的事情在我们的人生中会不断出现,这
些孩子拥有了解决问题的能力,这是能够让他们终身受益的能力。

雷夫老师用自身的经历和经验告诉我们,在教育过程中,我们可以培养出有自己行为准则的学生,他们的行事自有一套风格,不为得到其他人的奖赏来做事,默默做自己认为对的事情;培养有终身阅读习惯、爱读书的学生,他们可以每天额外花费一两个小时在学校阅读自己喜欢的读物,可以在周末的时候去图书馆静静地读书,从中吸收有用的知识;培养有经济头脑的学生,他们懂得规划自己的时间与金钱,懂得珍惜每一个来之不易的物品,知道延迟享受;培养有独立解决问题能力的学生,他们每一个都是解决问题的高手,不仅仅是书本上的问题,生活中出现的种种问题他们也能够很好处理。

在一件件每个教室都可能发生的小事情当中,雷夫老师用他对教育、对学生、对教师这个职业的爱转化成的力量帮助学生获得了成长,学生们收获的不仅是学业上的成功,更多的是那些让他们受益一生的能力,因为这些才是他们最终创造奇迹的源泉。

二、争做"三好"老师

看了雷夫老师的这些故事,我们更加要告诉自己:我们还可以做得更好,不仅仅是对孩子们的要求,我们对自己也应该提出更高的要求,促使自己不断地成长和进步。要成为像雷夫老师那样的人,带领学生们创造一个又一个的奇迹,帮助他们成长为"完整"的人,全面发展的人。

(一)"好"学生

"女孩的眼里噙着泪,我也为自己想要放弃深感羞愧。突然间,化解她的忧伤成了唯一重要的事情。""那一刻,对我来说唯一重要的事情就是,这个女孩应该有一次成功的实验,在她回家时脸上会带着微笑。"[PXI(自序)]这是雷夫老师在化学实验操作时面对一名落后女孩的态度。"做错了事吗?只要你告诉我,我会接受你搞砸的事实。你打破东西了?这种事是在所难免的,我们可以好好处理。问题没听懂?没关系雷夫老师可以讲500遍。"[P6-7]这是雷夫老师为了建立与学生之间的信任时说的话。

试问:被老师这样的爱心包围着、关注着,师生之间处于一种互相完全信任,学生对老师没有任何恐惧的关系下,哪个孩子会不被老师温暖到,会无法很好地与教师进行沟通交流呢? 再回想一下我们大部分的老师是怎么对待班上的后进生的。责骂、无奈的劝说、无视的态度都算好的了,学生对于教师只有恐惧,有事情也不敢与教师进行沟通交流,完全体现不出教师对学生的爱。

在教师心目中,每名学生都应该是多姿多彩的,而每名学生也都是鲜花丛中的一株鲜花。身为老师,必须要善于发掘学生的闪光点,"闪光点"也就是优势、特长等。从闪光点开始,启发学生的进取心,从而让他们品尝到成功的快乐,并积极向上地对待学业与生命。苏霍姆林斯基说过,最好的老师,教育修养中起决定性作用的一种品质就是对孩子的依恋之情。在工作中学会尊重学生,注重保护学生的自尊心,能够让学生感受到师爱的温暖。

对学生的爱,在教育上是成功的起点。教师对学生采取循循善诱的基本态度,即使对那些思想、学习都差的学生,也都是暗含期待,启发他们内心的逐步转变,可以促使他们往教师期待的正确方向发展。

(二)"好"教育

"我这个老师没有特别突出的创造力,于是,我决定给他们我能力范围内最宝贵的东西——时间。"[P138]这是雷夫老师给自己定下的誓言,更是给孩子们许下的承诺。我们来看看雷夫老师的工作安排:每天早上 6 点 30 分到学校,为那些希望用一个半小时来学习数学的孩子做准备;从早上 8 点开始工作到下午 3 点,一周工作 5 天;放弃休息和午餐时间,教 20 个孩子弹吉他;每个周末从上午 11 点到下午 2 点也要工作;每年带领全班同学到华盛顿旅行一周;带领全班同学参加莎士比亚戏剧节。另外还有许多零零碎碎为孩子们所做的工作,每年 48 周,每周 6 天,每天将近 12 个小时……雷夫老师除了付出,还是付出,30 年的坚持与执着,不能不让我们为之动容。也正因为这样的全身心付出,雷夫老师才创造了一个又一个的奇迹,培养出一批又一批优秀的学生。雷夫老师坚守着当初的那份承诺,全身心地投入第 56 号教室,无时无刻不在牵挂着他的学生。

从雷夫老师的工作安排中我们可以看到他对教育事业及教师这个职业的热爱。这份热爱支撑他30年如一日地付出,完成几乎全年无休的工作计划。雷夫老师真正做到了把教育当成了一种伟大的事业,用强烈的事业心、进取心和责任心,兢兢业业地工作,默默无闻地奉献,时刻用为人师表来衡量自己,遵循教育规律,不仅将知识传授给孩子,还要培养学生的民主观念、科学意识、健全的人格、独立的精神和文明的行为。

因此,担负着教育使命的教师必须学会奉献,奉献爱,奉献时间,奉献精力,真心地喜欢教师这个职业,对教育有理想和热忱。用实际有效的行动去为孩子们打造一个快乐向上的港湾,用真诚的付出去感染每个孩子纯净的灵魂,用最大的努力最大限度地去挖掘每个孩子的潜能,使他们今后的人生丰富多彩。

(三)"好"创新

"创作之旅并不限于表演。用帆布、油漆或纸和铅笔一样可以创造出艺术作品,并得到创作过程中所带来的各项益处。"P104 这是雷夫老师将艺术创作融入教育的感言。雷夫老师给我们做出了榜样,他充满智慧地把"音乐""表演""视觉艺术"等巧妙地变成教学的一部分,引领孩子们以超乎想象的方式成长,让孩子们和他的关系越发稳固,牢不可破,而这份联结将鼓励孩子们有更好的表现,读书更认真,也更快乐。因此,作为教育者,我们必须纠正曾经的错误观点:只要将书本知识学透,考试得高分,就是好学生。我们必须以长远的发展眼光来看待教育,教育应该是全方位的。

在这个教室里面,学生们阅读各种名著,通过旅游来学习历史,通过数字游戏来学习数学,通过动手实践来学习科学,通过体育活动来了解团队合作的价值,通过艺术课程来学习时间管理,坚持不懈……倘若人们可以像雷夫老师一样富有爱心与睿智,掌握了技艺与能力,懂得了创造与实践,舍得奉献和付出,那么,学生必定会变得更好,教室必然成为学生学习和成长的天堂。

三、总结与展望

《第56号教室的奇迹》用一个个简单的小故事告诉我们：教育是没有捷径的，我们需要真心热爱教育、学生，对职业有较强的信念，愿意为之付出时间、精力，全身心地投入其中，才能实现对学生终身有益的教育。我们需要不断提升自己的教育理念，不断创新，站在学生的立场上为他们考虑，让他们接受完整的教育，不仅仅是教他们书上的理论知识，更多的是培养对他们终身发展有益的能力。只要我们相信我们可以做得更好，我们的学生可以做得更好，一切都会朝着好的方向发展的。

爱是永恒不变的教育主题

——读《爱的教育》 顾青琳

摘要:《爱的教育》是意大利著名文学家亚米契斯于1886年出版的一部长篇小说,是世界文学史上经久不衰的著作。站在成人的视角重读《爱的教育》会有不一样的启示和感触。本文抓住了"爱"这个关键点,对爱的教育形成了新的理解:认为爱的教育是学校、家庭和社会形成的一股合力,应该前后连贯地持续进行;同时也深入剖析了"爱"在教育中的重要作用,认为爱是教育的方式,需要学校、家庭和社会用爱去感化、教育孩子;另外爱也应该成为教育的内容,爱的教育应该教会孩子去爱,爱国家、学校、家庭、社会、生命等,教师应该善于开拓生活中可以作为教育内容的"爱"。总的来说,爱应该是贯穿整个教育事业的主线,应该是教育永恒不变的主题,应该是我们共同努力的方向。

关键词:《爱的教育》;教育方式;教育内容;教育主题

爱是一种发自内心的情感,是对人、对事有深切而真挚的感情。恋人、朋友、父母与子女之间都存在爱,爱无所不包、无处不在,在教育中也是一样。近年来我们一直提倡要做有温度的教育,教育要升温,那么爱必定是最有效的催化剂。在世界文学史上存在这样一部经久不衰的名著,它以孩子的视角带领读者一起见证了一个充满爱的学校和社会,这就是意大利著名文学家亚米契斯的长篇小说《爱的教育》。①

《爱的教育》是亚米契斯所有作品中最受欢迎的一部,被誉为意大利人必读的十本小说之一。《爱的教育》是一本日记体小说,

---

① 埃·德·亚米契斯著,王干卿译,人民文学出版社2018年版。下文未注明文献来源的引用均出自该书。

是亚米契斯以自己儿子的日记为蓝本改编而成的。该书以一名四年级小学生恩利科的视角展开,记叙他在一学年里发生的事。该书内容主要分三个部分:一是恩利科的日记,主要记录他一学年的学校生活以及发生在他身边的各种感人的小故事;二是父母和姐姐在恩利科的日记本上写的劝诫性或者启发性的批注;三是老师在课堂上分享的9则"每月故事",主要用以歌颂同龄孩子的爱国、孝顺等美好品德,为学生树立可供学习的良好榜样。

整部小说涵盖了小学四年级学生的方方面面,几乎反映了同年龄段孩子的真实生活,体现了人类各种美好的品质。儿时初次阅读此书时,我跟随主人公恩利科的视角进入巴列迪分校,关注得更多的只是发生在恩利科身边的各种小故事,阅读时有身临其境、感同身受的体验。但是作为一个成年人再次阅读这本书,我却有了不一样的感触和收获。尤其是作为一名未来的小学教师,站在教师的立场上看这本"儿童读物",孩子之间纯粹的友谊依旧能轻而易举地打动我,然而,更多的是一些别的东西,让我在阅读完这本书后对爱的教育产生了新的理解。

一、《爱的教育》标题意义

《爱的教育》的意大利原版书名为Cuore,用中文直译是《心》,其书原有一个副标题叫作《一名意大利小学生的日记》。这本小说得以在中国广泛传播离不开一个人的功劳,那就是夏丏尊。1920年,夏丏尊偶然得到这本小说的日译本,爱不释手,便着手中文翻译。在翻译书名时,夏丏尊觉得直译《心》不足够反映出书的内容,采用副标题又不够简练,几经推敲,欲译作"感情教育",后又担心与福楼拜的同名小说混淆,故改成"爱的教育"。无论是"感情教育"还是"爱的教育",都体现了书中内容突出的美好感情在教育中的重要作用。

最开始看到小说标题"爱的教育"时,我一直有疑惑:什么是爱的教育?如何理解"爱"?"爱"在整个教育活动之中充当什么成分?看完这本小说,我得出结论:爱既是教育方式,也是教育的内容,更是教育永恒不变的主题。作为教师,我们既要用爱去感化、教育学生,也要教会学生如何去爱、培养学生爱的能力,我们整个的教育活动更要笼罩在爱的光辉之下。

二、爱的教育是一股合力

教师是一份神圣而又光荣的职业,每一个教师身上都肩负着教书育人的职责。但是了解教育的人都知道,教育孩子从来都不只是教师一个人的责任,学校、家庭乃至社会都是教育活动中至关重要的一环。实施爱的教育更离不开各方的共同努力。因此,爱的教育应该是学校、家庭和社会形成的一股合力,其中教师起着中流砥柱的作用。

在《爱的教育》里每一次成功的教育实践中几乎都能找到学校、家庭和社会的影子。小说中有很多体现学校、家庭和社会三方共同实施爱的教育的案例,例如在进行爱国主义教育时,国家和社会组织一些军人表彰大会,国庆节军队游行等活动,弘扬爱祖国、爱同胞的精神品质;父母也会带孩子去观礼,感受祖国的强大,激发孩子的爱国情感;学校和教师也会通过每月故事,例如《帕多瓦的爱国少年》《伦巴第的小哨兵》等,对学生进行爱国主义教育。爱国主义教育更强调孩子自己去感受,去理解,去践行,通过学校、家庭和社会的共同努力,以温馨和充满爱的方式进行教育,就可以使爱国在潜移默化中被学生感知和接受,在孩子们的心中埋下爱国的种子,从而取得很好的教育效果。

在实施爱的教育中,学校、家庭和社会应该是一体的,三者缺一不可,任何一方的缺席都会对教育的效果产生不可忽视的不良影响。恩利科的同学中有一个惹人怜爱的孩子,他是铁匠的儿子,名叫波列科西。"他身材瘦小,脸色苍白,目光和善而悲伤,经常露出惊慌失措的神情。他胆小怕事,不管对谁都这样说:'对不起,请原谅!'别看他瘦瘦小小、病恹恹的,学习用功起来却不要命。"[P89]波列科西所在的班级和学校,所面对的老师和校长无疑都是爱的教育最忠实的践行者。老师爱生如子,即使重病依旧心系学生;校长重视每一名学生,极力保护学生的身心健康。《爱的教育》中营造的社会氛围也是尊师重教、宽容和谐的。那么在这样的充满爱的教育氛围下成长的孩子理应是像恩利科那样自信又善良大方的。可是,波列科西和恩利科最大的区别就在于家庭教育。波列科西的父亲"整天喝得醉醺醺的,东游西逛,厌倦劳动,家里人跟着他忍饥挨饿"[P90],更有甚者,有时还总是莫名对他拳脚相向,毁坏他的书和作业本。这导致波列科西"在街上一见到父亲就像耗子见到猫似的浑身打哆嗦,可他还要勉强装出笑容满面的样子朝父亲跑去,而父亲仿佛没有看见他似的,心里想着别的事情"[P90]。在家庭这一环爱的教育重度缺失,波列科西表现出的小心和拘谨也就情有可原了。好在随着故事的发展,波列科西的人生也在爱的教育下迎来了戏剧化的逆转。波列科西凭借着善良和孝顺的本性加上在学业上不断付出的努力,在老师和同学的陪伴、帮助和鼓励下,最终感化了父亲,使父亲重新做人。家庭这一环的缺失得以弥补之后,波列科西无论是在与同学交往的过程中还是课堂表现上都变得更加积极主动、乐观活泼。

由此可见,爱的教育离不开学校、家庭和社会任何一方的努力,好的教育应该具有一致性和连贯性,它应该是学校、家庭和社会共同形成的一股合力,并且前后连贯地持续进行。针对波列科西事件,恩利科的父亲曾有过这样的评价:"你送给波列科西的玩具小火车即使是金子做的,里面装满了珍珠,但跟那个使父亲重新做人的圣徒般的孩子相比,也不过是微不足道的赠礼罢了!"[P143]爱是一种魔法,它可以集结孩子身上所有最美好的品质,进行催化,使其成长为一股强大的精神力量,这种力量足以使浪子回头。

三、爱是教育方式

爱在整个教育活动中充当什么角色呢?这本小说告诉我们,首先,毋庸置疑,爱是一种教育方式。这种教育方式是与放纵、否定、控制等相对立的一种积极肯定的、充满包容和鼓励的方式。当然采用这种教育方式的主体涵盖了学校、家长和社会。那么我们应该怎样利用好"爱"这种教育方式呢?

首先,学校作为开展教育活动的主阵地,在很大程度上影响着爱的教育的实施效果。学校中对于教育起到关键作用的又涉及两类主体。一个是校长,一个是教师。校长是一所学校的法定代表人,校长所持的教育观念、推崇的教育方式在很大程度上决定着学校的教育观念和教育方式。在这本小说中,巴列迪分校的校长就是爱这种教育方式的推崇者、践行者和捍卫者。小说中提到,校长对学生和蔼可亲,"学生们因无理取闹而被叫到校长办公室时,校长从不发火训斥他们,而是拉着他们的手,耐心地给他们讲明道理,告诉他们该做什么,不该做什么,谆谆嘱咐他们要知错能改,保证做个好孩子"P43。校长对学生充满了耐心,以爱的方式苦口婆心感化犯错的学生。此外,校长心中也始终装着学生,每天总是第一个到学校,最后一个离开。当校长那当志愿兵的儿子牺牲以后,年迈的校长一度陷入悲痛之中,想要向市政府递交离职休养报告,却因心中始终放不下学生,最终依旧选择留在学校。在学校实施爱的教育的过程中,校长担负着重要的责任,只有校长身先士卒,做出爱生如子的表率,整个学校才会形成爱的教育的氛围。

教师是爱的教育方式最重要的践行者之一。《爱的教育》中塑造了许多个性鲜明的教师,有恩利科的班主任帕尔博尼先生,有恩利科二年级的女老师,有外号"小修女"的老师,有帽子上插羽毛的女老师……老师们性格背景各异,但是有一个共同之处就是他们都在日常的教学中采用充满爱的教育方式。这些老师关爱学生,为教育事业倾注毕生的心血;他们包容、宽宥调皮捣蛋和犯错误的学生;他们会为学生树立榜样,积极引导学生向善;他们愿意融入孩子、变成孩子、和孩子打成一片。例如,恩利科的班主任帕尔博尼先生,他在给学生做听写练习时看到一位学生的脸上长着红疱疹,就立刻停止默写,"两手托着他的脑袋细心查看,然后问他怎么不舒服,是什么病,还用手摸摸他的前额看有没有发烧";有学生在课堂上捣乱,他也只是抚摸他的脑袋告诉他:"以后再不能这样了!"在开学第一天,老师就谆谆教诲学生:班级是一个大家庭,要珍惜大家在一起生活的这一年。P6像这样以爱的方式来教育学生的例子在小说中随处可见。由此我们可知,要想真正做到爱的教育,教师应该时刻把学生放在心中,将这种教育方式当作吃饭喝水一样平常的事情,将它落实到日常生活中的方方面面。

其次,家庭也是实施爱的教育中不可或缺的一环。家长也应该学习爱的教育方式。家庭是不乏"爱"的地方,父母对子女有天然的爱意。但是"爱的教育"并不简单地等同于"父爱"或"母爱",它不是疼爱,更不是溺爱,爱要讲究方法。归根结底,父母以爱的方式对孩子进行教育主要应该做到以身作则、言传身教和及时肯定。父母要做的不仅仅是把爱带给孩子,更重要的是教会孩子明辨是非,学会爱己爱人。在《爱的教育》中,恩利科的父母就能很好地利用这种教育方式。例如母亲带着恩利科去给报纸上刊登的穷苦女人送衣物,恩利科偶然发现穷苦女人的儿子是自己的同学科罗西,母亲说道:"别吱声!要是他看见我们对他们家的施舍,准会有些难为情,不好意思。还是别让他知道为好。"当他们被科罗西发现以后,母亲也示意恩利科跑过去拥抱他。[P17] 在了解了科罗西家的情况以后,母亲把钱包里所有的钱都给了他们,还亲了亲科罗西。[P18] 在这件事中,母亲身体力行带着孩子做善事,同时注重言传身教,教育孩子懂得尊重他人,保护同伴的自尊心。恩利科的父亲也是一样,虽然在整部小说中,父亲的形象更多的是严肃、严格、严厉的,但"严父"并不意味着不会采用爱的教育方式。事实上,恩利科的父亲在孩子正确三观的形成中起着至关重要的作用。例如父亲总是会通过对孩子日记的批注,告诫孩子要尊重母亲、感恩老师、热爱祖国、热爱工人朋友……在父亲日常与孩子的交流对话中也处处体现着爱的教育方式。例如,当恩利科在家和父亲说起自己的同学斯达尔迪,分享自己在他的藏书室中的见闻时,父亲评价斯达尔迪"有特殊的气质";[P89] 恩利科的同学德罗西、科列帝和驼背的纳利来家里玩,父亲评价科列帝"天生文雅、心灵高贵";[P93] 同时父亲为了不让纳利看见驼背弄臣里哥勒托的画像,特地将它取了下来。[P94] 这位父亲不仅对孩子的同学都持有很高的评价,而且十分重视对孩子心灵的保护,通过言传身教,引导孩子发现他人的闪光点,学会尊重和保护他人的缺陷与隐私。懂得以爱的方式教育子女的父母,必定能成为孩子毕生学习的好榜样。

最后,爱的教育方式也需要社会的践行。爱的教育应该是一以贯之的,社会能提供的就是一个充满爱和包容的和谐的氛围与环境。这个氛围的营造固然需要政策、法规的引导,但是更离不开社会上每一个人的努力。爱的教育从广义上讲,并不仅限于专业的教育行为或活动,任何一个恰当的时机或行为动作,都有可能达到良好的教育效果。例如,书中十一月在初雪降临时发生的一件事。集邮爱好者卡罗菲在与同学扔雪球玩时不小心将大雪球砸向了一位老人的眼睛。面对警察和老师们的盘问，卡罗菲勇敢地承认了错误，抱着老人的膝盖放声大哭。见到这场景，老人"伸手摸了摸卡罗菲的脑袋"，在场的人都异口同声说道："去吧，孩子，回家去吧！"[P70]事后卡罗菲主动来到受伤老人的家中探望，并把他视之如命的集邮册送给了老人，老人也表示"我对那不幸的孩子受到惊吓表示遗憾并深感不安"，也安慰卡罗菲"告诉你的父亲和母亲，就说我一切都好，别让他们牵肠挂肚的"。[P73]对于犯错误的孩子，老人选择了包容和原谅；对于勇于承认错误的孩子，社会给予了肯定和认可。对于突发事件采用这种充满爱的处理方式，无疑可以起到很好的教育效果。从这件事中，相信卡罗菲和其他孩子都会学到谨慎行事，尊重他人的生命健康，以及知错能改，善莫大焉。

爱是一种教育方式，它如同春风化雨，在润物细无声中培养孩子正确的三观；爱是可以传递的，学校、家庭、社会以爱的方式教育孩子，孩子最终也会以爱来回馈。

四、爱是教育内容

爱除了作为教育方式存在于整个教育活动之中，还应该作为教育的内容使学生认识、接受和内化。小说中倡导的作为教育内容的爱，主要可以具体细分为爱国家、爱学校、爱家庭、爱社会、爱生命五个部分。

第一，爱国家。爱国是一个公民必备的基本素养，也是教育的必修课。爱祖国、爱同胞显然应该是爱的教育中至关重要的内容。无论哪个国家，无论哪个阶段的教育，都应该将爱国主义教育贯穿其中。小说中，学校的爱国主义教育主要体现在每月故事中，老师通过《帕多瓦的爱国少年》《伦巴第的小哨兵》和《撒丁岛的少年鼓手》三则每月故事，为孩子们提供了3个可供学习的少年爱国英雄的榜样。此外，当一名来自卡拉布里亚的孩子转学来到这个班级时，老师很好地抓住了这一次机会，对孩子们进行了爱国主义教育，让孩子们明白国家团结的重要性，教育孩子要热爱祖国、热爱同胞。国家和社会也会经常性地举办一些军队游行活动，努力为孩子们营造爱国氛围，例如军队游行时，老军官凝视着向国旗敬礼的孩子们道："你们真是好孩子。小时候尊重国旗,长大成人后就知道如何捍卫国旗。"[P46]同时孩子的父母也十分重视爱国主义教育,恩利科的父亲会主动给孩子普及爱国英雄加沃尔伯爵和加里波第的事迹,引导孩子为英雄、为国家感到光荣和自豪;会在国庆节,及时抓住机会,引导孩子了解祖国、尊重祖国、热爱祖国,将爱国的种子埋进孩子的心中。

第二,爱学校。爱学校包括要敬爱老师、热爱同伴和热爱学习。教师热爱学生似乎是一件很寻常的事,但倘若一直没有回应,那么这种爱也会有衰竭的一天。因此学生对老师的爱也是非常有必要的。小说中的孩子们都十分敬爱老师。当得知班主任生病时会自行组队前去探望;当曾经教过自己的老师去世时,孩子们会情难自禁地哭起来,会主动前往她家,护送她的灵柩去教堂。家长们也十分尊师重道,重视教育孩子要爱老师。爱老师包括要体谅老师、尊重老师和感恩老师。恩利科的父亲曾经在批注中写道:"你们给老师带来的烦恼往往超过了给予他的快乐。你设身处地为别人想一想,即使世界上最受尊敬的人,要是处在他的地位,也会发火发怒的。"[P84]恩利科的父亲通过摆事实、讲道理的方式,引导孩子站在老师的视角上去看问题,体谅老师偶尔的心情不好和不耐烦,因为老师也只是普通人。当他通过报纸知道自己小学时的老师柯罗塞提先生还在世后,马上就带着恩利科坐火车去探望老师。见到老师后,老师由于年龄太大了不记得恩利科的父亲,可他却表示,"您不记得我是很自然的,可我永远记得您",[P213]以自身为榜样,切实地教育孩子要感恩老师,学生作为受到恩惠的一方应该永远铭记老师给予自己的恩惠。正是这种家校之间的相互理解,才能为爱的教育提供丰富的内容,共同推进爱的教育进程。

学生在学校中接触最多的除了老师就是同学。同伴关系在学生的成长中非常重要,甚至会影响学生日后的社会关系。因此,热爱同伴也是爱的教育中一块非常重要的内容。巴列迪学校不同于其他常见的西方学校,在这里没有阶级歧视。学校里有来自不同社会阶层的孩子,有作家的儿子、炮兵上尉的儿子、木柴商人的儿子、泥瓦匠和铁匠的儿子,还有来自卡拉布里亚的孩子……他们共同在一起学习,生活,成为好朋友。小说中的老师和家长都重视教育孩子热爱同伴。恩利科的班上有一个富人家的孩子诺比斯,总是嘲笑和挖苦班上工人的孩子,同学之间发生一点摩擦就向老师告状。但是老师在处理学生纠纷时,并不会偏袒哪一方,而是首先会弄清楚事情的原委再秉公办事,并且时常告诫学生:"对同学要善良,要有礼貌。不管是工人的孩子还是绅士的孩子,不管是穷人的孩子还是富人的孩子,大家都该像亲兄弟那样彼此相爱,打成一片。"[P124]家长也十分重视孩子的同伴关系。当恩利科和好朋友科列帝吵架后,恩利科的父亲严厉地批评了孩子:"是你的不对,你本该首先伸手向他道歉才好,更不该向你最好的朋友和一个军人的儿子举起尺子!"[P181]恩利科的父亲也时常教育孩子要"热爱和尊敬同学中间的那些工作着的士兵的孩子",传达给孩子"人无贵贱之分,任何劳动都在创造价值"的观念,[P223]当小泥瓦匠来家里做客时,恩利科的父亲也告诉孩子"要爱小泥瓦匠,因为他首先是你的同学,其次是工人的儿子"。[P66]恩利科的父亲一直在引导孩子形成正确的择友观。教育蕴藏于日常生活中的方方面面,有时候孩子往往能从同伴身上学到更多受益终身的东西,因此,教育孩子热爱同伴、善于欣赏同伴都是爱的教育中值得深究的课题。

学习是学生最本分的工作。爱的教育的一个主要内容是要引导学生热爱学习、热爱知识。孔子曾说过:"知之者不如好之者,好之者不如乐之者。"积极的情绪对于学习效果的提升具有十分可观的作用。对于小学生而言,要想使学生爱上学习,首先应该培养学生对于学校的积极情感。巴列迪学校的校长和老师们对待学生态度和善、爱生如子;不同社会阶层和地区的孩子们团结友爱,互相帮助,这样的学校氛围是充满爱的,以至于恩利科在大病初愈以后迫切地想回到学校,迫切地想念书和作业本[P222],这已经达成了引导孩子热爱学习的第一步。随后就是以身边的例子激励孩子热爱学习。恩利科的父母总是及时抓住合适的机会教育孩子要热爱学习。例如,从科罗西的家中出来,恩利科的母亲就及时抓住了机会教育孩子:科罗西在那样艰苦的条件下依旧刻苦学习,你的生活条件那么好,不应该再把学习当成苦差事。[P18]此外,大人们也会身体力行,为孩子们树立爱学习的榜样。巴列迪学校同一院子里有一座夜校,晚上,工人们下班就会进入夜校学习。有些工人甚至是晚饭都来不及吃,饿着肚子来听课,但是大家都听得非常专注、认真。[P162] 大人们对于知识的渴求足以震撼孩子,使孩子认识到努力学习,热爱知识的重要性。

第三,爱家庭。家是我们永远的避风港,父母是孩子永远可依靠的大树。爱家人也是爱的教育的重要内容之一。作为孩子应该尊敬父母、理解父母、孝顺父母、团结手足。小说中,老师通过《佛罗伦萨的小抄写员》《爸爸的看护人》《血溅罗马涅》及《寻母记》四则每月故事,歌颂了关爱家人、愿意为家人付出的美好品质。同时恩利科的父母也都非常重视教育孩子爱家人,尤其是敬爱父母。当恩利科当着老师的面对母亲不敬时,他的父亲特意写了一篇批注告诫孩子要敬爱母亲。同时通过陈述以往的事迹,让孩子明白母亲有多爱他,为他付出了多少心血。教育孩子要永远感恩母亲,不要把父母的爱当成理所当然的事情。当恩利科出言不逊顶撞父亲时,母亲也会在他的日记本上写下批注,告诫恩利科父亲是他最好的朋友,父亲是出于爱才会责备孩子的,其实他的心里比谁都难过。同时让孩子明白父亲为家庭、为孩子彻夜工作,付出了很多,孩子应该以亲情、以爱去回报父亲。世事无常,孩子应该珍惜和父亲待在一起的每一个时刻。[P299] 在父母的谆谆教诲之下,恩利科逐渐变成了一个敬爱父母、体谅父母辛苦付出的孩子。将爱家人作为教育的内容一以贯之,不仅可以有效地缓和甚至消除亲子之间的矛盾,对于孩子尊重和理解他人的美好品质的养成也起着重要的作用。

第四,爱社会。爱的教育要想收获良好的效果,就要化"小爱"为"大爱"。不仅应该爱身边的人,也要爱陌生人,爱世人。小说中最贴切的一个例子就是教育孩子要关爱特殊群体。这是一个曾经在盲童学校工作的老师给恩利科的班级上的一堂课。通过讲述亲身的见闻,让孩子明白盲童们的不易。当人在某一方面有缺陷时,便要付出比常人更多的努力才能勉强弥补。幸运的人无法真正理解不幸,"有时候,你们看到他们一动也不动地坐在敞开的窗前,尽情地呼吸着新鲜空气,好像全神贯注地在欣赏一望无际绿茸茸的田野和郁郁葱葱的青山,可一想到他们现在什么也看不见,将来也永远看不见无边无际的大自然的绚丽美景时,你的心里就会感到无比的悲痛,好像他们是在一瞬间变成盲人的"。[P155] 面对盲童"你会觉得看见人、房子和天空反倒是我们的一种例外,一种不值得享有的特权"。[P156] 通过这样的教育,让孩子明白对于一些天生有缺陷的人来说,嘲讽和蔑视实在是最无耻的行为。恩利科的父亲也曾经这样要求他,"面对向你乞求帮助的穷苦人,你绝不能视若无睹,更不能对一位为孩子乞讨的母亲无动于衷"。[P57] 母亲曾带恩利科去残疾儿童学校却没让他进去,因为觉得把一个健康健全的孩子带到那些不幸的孩子中间,让人更觉得痛心。[P233] 父母和老师的这些言传身教,都以一种充满善意和爱的方式,让孩子明白:世界上还有许多不幸的人,作为幸运者的我们应该给予他们足够的人道主义关怀,让他们感受到社会的温暖;同时也让孩子学会珍惜和感恩自己拥有健全的、茁壮成长的身体。

第五,爱生命。生命只有一次,生命是人类开展一切活动、享受美好生活的前提和基础。因此教育孩子敬畏和珍惜生命也是爱的教育的重要内容之一。生命教育往往和死亡紧密地联系在一起。在万灵节时,恩利科的父亲会抓住时机,教育孩子要尊敬英雄、敬畏生命,怀着感激之情哀悼那些故去的人,从而更加善良、深情地对待尚在人世的人。[P29] 此外,在这一学年中,恩利科也见证了几次生命的流逝,其中有弟弟二年级的同学的夭折,有二年级时的女老师的过世,以及一位泥瓦匠的重伤。死亡本身对于孩子来说就有着巨大的冲击力,但是爱的教育并不是回避死亡,而是温柔地牵起孩子的手,带着他们一起去认识死亡、感受悲痛,从而真正地敬畏生命,并加倍珍惜自己的生命。

爱的教育涉及的内容除了以上五点,当然还有很多很多,比如爱劳动、爱自然等,凡是有利于培养学生善良、高尚、勇敢、热情、诚实等各种美好品质的内容,均可以囊括进爱的教育的范畴之内,作为小学教师的我们应该利用善于发现的眼睛去挖掘日常生活中可供教育的"爱"的素材。

五、爱是永恒不变的教育主题

爱是一个很广泛的命题。在教育领域,爱可以作为教育的方式,也可以成为教育的内容。不管形式如何改变,要想让我们的教育有温度,不再只是冷冰冰的说教、管制和灌输,我们应该始终把爱当作教育的主题,一切教育活动都围绕着它展开,同时爱也要作为主线贯穿教育事业的方方面面。看完

《爱的教育》这本书，我对于爱的教育还有以下几点新的认识。

1.爱的教育是恩威并施、严慈相济

谈及爱的教育，浮现在大家脑海中的自然而然会是一些美好的词，例如包容、善意、温柔……批评、责罚这些严厉的词仿佛显得与爱的教育格格不入。然而现实并非如此，爱的教育不应该仅仅以孩子能够接受的温柔方式来进行，一味地宽恕并不能将孩子培养成才，反而可能会有损教师和家长的威信。爱的教育应该是恩威并施、严慈相济的。例如小说中的老师，在很多时候他们都是面容和善、和蔼可亲，对待犯错误的学生都会包容和宽恕。但是他们不会采取温和的方式对待每一名学生或是每一件事。面对那些行径恶劣的学生，例如弗朗蒂，在一次次的劝说教育都无果的情况下，老师也会卸下温和的面容，变得怒气冲冲，用严厉的手段对学生进行批评教育。在爱的教育中，老师的心中爱着每一名学生，因此不愿用粗暴的手段对待任何学生。但是教师心中应该有原则，做到恩威并施，遇到屡教不改的学生，也可适当采取严厉的手段。

2.爱的教育不仅要使人如沐阳光，还要赋予人直面黑暗的勇气

之前我认为爱的教育用最概括性的语言说就是用温柔的方式培养温柔的孩子。这个"温柔"中包含善良、教养、谦逊恭敬、彬彬有礼等世间各种美好的品质。但是看完这本小说以后，我重新认识到，爱的教育要培养的孩子，不应该只是娇滴滴的温室花朵，他们应该温柔但有力量。以老师对卡罗纳的教育为例。在四月，卡罗纳经历了人生中最为黑暗的一段时间，他的母亲去世了。对于一个四年级的孩子来说，失去母亲相当于是致命打击，卡罗纳从以往的活泼爱笑、健康开朗变得面容灰白，两脚站立不稳，好像大病了一场。[P224]得知卡罗纳明天要来上学，老师事先告诫孩子们，"从今天起对他的万分悲痛深表同情，以抚慰他伤痛的心情"，同时"要严肃持重，热情地对待他，任何人不许跟他开玩笑，不许在他面前放声大笑"。[P224]在卡罗纳来上学之后，老师察觉他情绪不对，立刻把他拉到身边，并抱到胸前安慰他。在爱的教育上，老

师首先是尽可能地给予卡罗纳人道主义的关怀,使卡罗纳感受到老师和同学们深切的关爱。此外,老师也十分重视挫折教育。为了鼓起卡罗纳生活的勇气,老师读了一篇朱塞佩·玛志尼的故事,告诫卡罗纳必须战胜痛苦,必须坚强和镇静,因为这是母亲的愿望。[P227] 爱的教育不仅是给予失去母亲的孩子安慰和拥抱,更重要的是牵起他的手教他战胜痛苦。爱的教育不仅要为孩子遮风挡雨,更要使孩子具备独当一面的勇气和能力。

3.《爱的教育》可能是乌托邦,但应该是我们努力的方向

《爱的教育》这篇小说中集结了人类各种美好的品质,其中不乏乌托邦色彩,尤其是书中营造的一种充满"大爱"的社会氛围。例如每月故事《寻母记》中,十三岁的热那亚少年只身一人前往美洲寻找母亲,途中受到各种素昧平生之人的恩惠,最终顺利找到母亲,[P240] 等等。这些都让我想到了中国古代传统思想中极力提倡的大同社会。爱的教育可能带有理想主义色彩,但是对于当前的我们来说依然有很多值得借鉴学习的地方。教育之中蕴含着化腐朽为神奇的巨大力量,爱的教育理应成为我们共同努力的方向。不论是百年前,还是百年后,爱都应该成为贯穿我们整个教育事业的永恒主题。

《爱的教育》这篇小说作为一百多年前的作品,固然有不符合当今社会现实和教育情况的地方,但总的来说依旧是瑕不掩瑜,不愧为世界文学史上经久不衰之作。阅读有其独特的魅力,所谓"一千个读者就有一千个哈姆雷特",也所谓"常读常新",相信每个人在人生的不同阶段,站在不同的立场上读《爱的教育》都会有各自独特的收获。

用智慧焕发学生生命活力

——读《教学与发展》 应青秀

摘要：赞科夫的实验教学，因其时间之长、规模之大、影响之深远，而成为教育史上著名的教育实验之一。无论是其研究过程，还是结论观点都是后世的一笔宝贵财富。赞科夫对低年级的教学与发展问题的建树，是全面深刻又有实验验证的。在赞科夫的实验中提出了一般发展的概念，为了促进学生的一般发展，他建立了一套新的教学体系，形成了指导教学的五大教学原则，开展了各学科的实验教学工作。他打破了以往教学实践中将知识、技能与技巧相联系的陈旧模式，把教学与发展联系起来，从而大大提高了学生掌握知识和技巧的能力，将教学推向了一个崭新的台阶，这可以说是教学论中一次根本性的改革。总之，赞科夫以智慧启迪教育者如何促进教学、如何促进学生发展。赞科夫用理性的实验数据证明教学与学生一般发展的关系，而我却以感性的眼光看到了其中传递的思想：生命不止，探究不息，教师要运用自身的智慧，发掘学生身上的精神力量，焕发学生的生命活力。

关键词：《教学与发展》；一般发展；五大教学原则；教学体系

初读《教学与发展》[①]是在读研之前，作为跨考生的我，当时单纯只是为了更多地了解"教育学"这门大学问，所以对其中具体的文字及内容也没有过多地琢磨和研究。也正因如此，我又一次翻开《教学与发展》，对其进行精读。每本书都有它的灵魂，在我与它再次"对话"后，我才发现文中思想的无穷魅力和作者的无限智慧。

---

① 赞科夫编，杜殿坤等译，人民教育出版社2008年版。下文未注明文献来源的引用均出自该书。

一、用实验来证明，用数据来说话

20世纪50年代中期，科技迅猛发展，知识加速老化，这不仅要求学校的教学内容不断更新，而且要求学生在校学习期间得到充分发展，形成独立获取知识的能力。此时，赞科夫发现了在苏联的学校中教学内容过于简单，教学进度放得很慢，以及重复练习等状况，让学生得不到足够的发展。他认为，儿童的现有发展水平远不能呈现他所有的发展状况，因此，他提出了"教学要在学生的一般发展上取得尽可能大的效果"。发现问题—提出假设—验证假设—得出结论，按照这样的步骤，赞科夫开始了他长达20年的实验研究。赞科夫伟大的成就在于：他打破了以往教学实践中将知识、技能与技巧相联系的陈旧模式，把教学与发展联系起来，建立了一个新的教学体系，从而大大提高了学生掌握知识和技巧的能力，将教学推向了一个崭新的台阶，这可以说是教学论中一次重大的改革。

处于研究生阶段的我，想更多地学习研究方法及论文的写作技巧，很巧的是，《教学与发展》这本书其实就可以看作一篇非常详尽的论文，这也是我在看书过程中非常兴奋的地方。在书中，赞科夫首先论述了前人观点的不足，提出了研究的问题，其次论述了研究方法与组织，接着提出了他的五大教学原则，并从观察、思维与实际操作三条线索展开研究学生的发展，最后做了总结与展望。并不仅仅是整个框架让我兴奋，更多的是在实验论述过程中的一些推论让人不得不反复回味。

赞科夫的五大教学原则耳熟能详——高难度进行教学的原则、理论知识在教学中起主导作用的原则、高速度学习原则、使学生理解学习过程的原则、使班上所有的学生（包括后进生）都得到一般发展的原则。但这五大原则怎么来的呢？它不是赞科夫凭空想象、凭空捏造而来的，也不是他用思辨的方式理论推导出来的，而是他用1200多个学校做实验得出来的。其实现阶段很多学生，包括我自己，在论文写作中都存在框架上的漏洞，或者在提出某个结论的时候没有证据去支撑，从这一方面来看，赞科夫的这本书就可以给我们很大的借鉴价值，指导我们去做一个教育研究。

从实验研究的角度来看,本书第一章即可看作论文中的文献综述。首先他论述了夸美纽斯研究的不足之处——他对儿童的发展阶段所进行的研究缺少心理学的依据。接着他论述了布勒、斯腾、皮亚杰等人的研究,谈及皮亚杰的关于儿童的认知发展理论,作者说到其中存在两个弊端:第一,他们只研究认知(知识和技能),没有关注学生的一般发展(全身心的发展);第二,皮亚杰没有将儿童看成社会整体的一部分,书中借用维果斯基的话来表达作者自己的看法——"儿童没有被看作社会的整体的一部分……而社会的东西则被看作某种处于儿童身外,看作与儿童格格不入的远离儿童的力量,这种力量对儿童施加压力,并排挤儿童所固有的思维方式"[P7],意思是说以往的教学没有把重点放在促进儿童心理发展的主导性地位上,即皮亚杰并没有认为教学有那么重要,他更多关注的是儿童的自我发展,没有将教学与发展建立起联系。最后作者还提到维果斯基以及其他一些苏联心理学家,他们虽然意识到了人的心理是具有社会历史制约性的,心理的发展受到外界的影响,尤其是教育,但是不足在于:第一,以往的研究只关注了儿童的智力发展,而忽视了一般发展,即全身心的、各个方面能力的发展;第二,以往的研究都是按照传统的教学法对学生进行教学的,在此基础上研究学生的发展,而以往的教学,前面也说到了,是速度特别慢、机械地重复的教学,而在这样条件下研究的学生的发展是不对的,学生的发展应该是更好的,应该要在一种新的教学体系之下去研究学生的发展。因此,赞科夫总结得出:①年龄段划分要么很短,要么只按照教育制度划分,没有系统研究儿童发展的各个阶段;②心理学原有研究基于传统教学,不能为我们所用;③我们要建立起新的小学教学体制,拒绝传统教学或是修改后的传统教学。在这里,赞科夫将他为什么要做这个研究论述得非常透彻。

在第二章中,赞科夫论述了自己的研究方法,以及用这种研究方法的原因。我们在平时的论文写作中,常常忘了写"我为什么要用我所采用的研究方法"。在这里,赞科夫所采用的是实验研究法,他为自己所采用的这个研究方法做了这样的解释,"我们要强调指出,研究的目的是揭示客观的教育学规律性"[P18]"揭示教学结构和学生心理发展进程之间的客观的必然的联系"[P19]。

也就是说,他的前提假设是:教学结构是学生一般发展的一定过程发生的原因。在这里,赞科夫将教学结构与学生的一般发展建立起了因果关系,而我们知道,想要得到自变量与因变量之间的因果关系的研究方法只能是实验研究法。我不得不感叹作者的思维逻辑是如此的严密,原来每个研究方法的选择都是有其背后的逻辑的,是从研究目的出发的。

二、教什么:发现学生蕴藏的精神力量

教师要教什么?我想这个问题是在正式入职前,每名教师都会思考的。我们要教什么才能让学生符合社会发展的需求?现在我们追求"核心素养",即学生应具备的,能够适应终身发展和社会发展需要的必备品格及关键能力。所以我们又思考我们要教什么才能让学生获得"核心素养"。要知道人对所获得的知识、技能是容易遗忘的,而思维结构及对问题概念的理解是不易遗忘的,这也就是赞科夫所说的"一般发展"。这也是我钦佩赞科夫的地方,他在20世纪提出的思想,竟然在过了一个世纪的今天被推到如此高的地位,这足以证明这位教育家的思维高度。

而教师要把握在教学中教什么,首先就要明白教学目的是什么。教学是为了促进学生思维的发展,即帮助学生的思维由低级形式过渡到高级形式,但是这种过渡并不是顺利无阻的,而是一个复杂的、矛盾的过程。然而,正是学生思维的这种运动,才是他们得到进一步的积极发展的保障[P102]。为了促进学生思维的进一步发展,我们要改变以往的教学目的。以往我们为了升学率,为了应付考试,交给学生的是死记硬背的"死知识",学生整日埋头苦读,最后究竟学到了什么?我常常听到有些人抱怨:数学教我们那么难的应用题和几何知识有什么用呢,生活中买东西也用不到啊,只要简单地知道加减乘除就够了。为什么有这样的声音?这值得每一名教育者深思:教师在教学中教给了学生什么?我们要明白数学重要的不是教会学生背九九乘法表,也不是让他们会解应用题,更多的是在这个过程中培养学生的逻辑思维,并且让学生体会到思维方式的变化。

为了达到这样的教学目的,我们就要在教学内容的选择上下功夫:应当

选取高难度的内容(这个难度我们前面已经说过,是有难度的分寸的)。例如书中所说的阅读大纲中,赞科夫提到在挑选作文时,"我们认为没有必要专门使阅读课迎合儿童今天的趣味和需要,而应当在阅读真正的文艺作品的过程中推动它们前进"[P92],同时他提到了在挑选题材过程中遵循的几个原则,包括思想性、趣味性、符合儿童的年龄、科学性、可靠性、具有高度的艺术价值等。在说到文艺性教材和科学知识类教材时,文艺性教材并未按照专门的题材,即没有像今天将文章按照记叙文、议论文等进行分类,因为他认为所有的文学作品都不止涉及一种体裁,比如一些文章既有议论又有叙述,有多种体裁。所以他认为,应当将促进学生一般发展为目的,并按照整体性的原则,将教学目标拆解到各个年级,每个年级分别来完成一个目标,逐步地增加难度。科普性的教材是按题目进行分类的,即按照自然和地理教学大纲来分类,这就使得语文阅读中科普性的文章跟自然教学、地理教学有机地结合在一起,它们成了一个整体,这正是我们今天所说的"综合课程",这是多么前卫的思想!这样不仅能让学生明白如何阅读文章,还可以在课文中传授一定的科学概念,从而让我们的各门课程都能建立起联系。

三、如何教:用五大原则启迪学生智慧

未来想要从事教育行业的我,迫切地渴望得到关于教学"如何教"的策略。在以往的学习中,我知道了在一般的教学论著作中的教学原则包括自觉性原则、直观性原则、系统性原则、巩固性原则等。赞科夫提出五条新的教学原则,即高难度进行教学的原则、理论知识在小学教学中起主导作用的原则、高速度学习原则、使学生理解学习过程的原则,以及使班上所有的学生(包括后进生)都得到一般发展的原则。那么这五条原则与一般教学论著作中的原则又有什么联系呢?赞科夫说道:"我们的原则既不取代它们,也不与它们相提并论。"[P40]一般教学论著作中所提到的教学原则,在很大程度上借鉴于过去的进步教育学,但是赞科夫的五大教学原则是在实验的过程中逐步提出的,当然,主要是在实验的第一阶段,也就是实验初的那一个班中提出的。可能有人会说,仅靠一个班如何确定这几项教学原则就具有普适性呢?如果换一

个班级是不是这五项原则就无效了呢？最初我也抱有这种怀疑，但很快就打消了这个念头，因为赞科夫将这五大教学原则又放入他接下来的所有实验阶段中进行推广验证，也就是从他第二个实验阶段开始，他的班级数量就逐渐增加，人数也逐渐增多，在这个过程中，他不断完善。最终赞科夫用实验证明了这五大教学原则在他所有的班级中都是奏效的，这么一来效度问题就解决了。那么我们就来看看这五大教学原则。

第一，高难度进行教学的原则。在赞科夫所提出的五大教学原则中，这一原则起决定性作用。所谓的"高难度"是强加给学生，或者每个学生的难度都一样吗？不是的，赞科夫在书中提到了一个词——"难度的分寸"[P43]，即他认为这个"难度"是因人而异的，面对不同的学生，教师要去检查和研究他们对知识与技巧的掌握程度，从而设计相应的难度。我相信每名老师都知道维果斯基的"最近发展区"理论，也就是要在教学中让学生"跳一跳，摘桃子"，在我看来，赞科夫的高难度教学原则正是对这一思想的继承与发展，即在学生的最近发展区内找到一个合适的点，让学生通过努力才能理解。这在当代其实就是在培养学生的高阶思维，一些太简单、单调的内容应当去除，而要设计出指向学生认知困境的创造性思考，需要学生重构以往所学内容的问题或知识进行教学。

第二，理论知识在小学教学中起主导作用的原则。这一原则是第一条原则——高难度进行教学原则的延伸。如何在教学中提升它的难度呢？赞科夫指出要使理论知识起主导作用。学生只有掌握了理论知识才能将所学知识更好地、更灵活地进行运用，同时可想而知，理论知识比起我们一般教学中的知识与技巧，难度一定是高出许多的，因此，我们就可以确定赞科夫所说的"难度"到底要达到一个怎样的水平，即要达到"能认识现象的相互依赖性及其内在的本质联系的那种难度"。[P44]我国的教学目标由"双基"发展到"三维目标"，再过渡到"核心素养"，说明教育越来越重视学生的整体素质的发展。不可忽视的是，应试教育的大背景下，基础知识和基本技能仍然在我们现在的中小学课堂中占有重要地位，但这不意味着我们放弃改革，至少每名教师都要有转变的理念，而赞科夫的这一原则是否适用于当代我国的教育呢？就我个人而言，我认为这是教育变革的一个不错的选择，学生只有掌握理论知识，知其然并且知其所以然，才能更好地运用所学知识，才能拥有应对未来社会变化所需的能力。

第三，高速度学习原则。这里的高速度意味着"满堂灌"，将知识匆匆忙忙地灌输给学生吗？当然不是！赞科夫在书中说，"问题的实质并不在于让儿童在一节课上做尽可能多的例题，完成尽可能多的练习……这一原则与其说是具有量的特征，毋宁说主要是具有质的特征"[P45]，换句话说，他所认为的"高速度"是希望在小学阶段学生就可以对未来将要涉及的各种各样的知识有一个大致了解，这有什么好处呢？比如说学习地理，如果学生在小学阶段就能对世界有一个整体认识，那么等到他深入去学其中的某一个区块，例如学习欧洲相关内容的时候，就能够把欧洲与其他地区的地理环境联系起来，如此，学生就有一个整体性的概念。在这里，赞科夫还认为，"这一原则对高难度原则来说是在履行一种辅助的职能，但是同时它也起着重要的独立作用，它要求不断地向前运动。不断地以各个方面的内容丰富学生的智慧，能为学生越来越深入地理解所学的知识创造有利条件"[P45]，所以看似毫无关系的每条原则，实际上都有着联系，这也是赞科夫强调的"整体性"。

第四，使学生理解学习过程的原则。在现在的教育教学过程中，我们还是可以看到学生死记硬背的情况，一方面是应试教育大背景之下教师的观念未及时改变，另一方面是学生的自觉性问题，所以书中赞科夫也提到这一原则与自觉性原则相近似，但前者所说的理解是指向内部的，"即指向学习活动的进行过程"[P47]；而后者指向的是外部的，"即把应当掌握的知识、技能和技巧作为理解的对象"[P47]。为什么使学生理解学习过程那么重要呢？我们小时候都背过九九乘法表，但是我们有想过为什么只要背二三得六，而不用背三二得六吗？我们的老师是否在这个问题上给了我们答案呢？在这之前，我没想过这个问题，更不用说懂得其中的原理，所以这可能也是我数学差的原因，而在赞科夫看来，告诉学生其中的原理原则，让学生理解学习过程的重要性，就得让学生知道为什么要背二三得六，不背三二得六，那背后的道理就是乘法交换律，这样一来，学生就认识到了理论知识，同时教学难度也提升了，这又是一个"整体性"的体现,这其中的逻辑关系很奇妙。

第五,使班上所有的学生(包括后进生)都能得到一般发展的原则。这条原则一方面可以帮助整个实验明确原则的作用范围,所有学生都要去满足这五条原则;另一方面,让我感动的是,赞科夫看到了班上的所有学生,包括后进生,这批学生成绩不理想,自信心受挫,学习上提不起兴趣,往往是最容易被老师放弃的那部分,但"皮格马利翁效应"告诉我们,教师对学生的殷切期望能戏剧性地收到预期效果。如果连教师都放弃学生了,那谁还能引领他们前进? 所以我们要用发展的眼光看待学生,每个学生都是发展中的人,有无限的发展可能,不抛弃、不放弃是教师该有的原则。

既然要验证这五条教学原则是否对每个学生都奏效,那么将每条原则一一实验,那一定能得出答案! 如果你是这么想的,那你就完全没有理解赞科夫的思想,要知道"整体性"原则在他的实验中贯穿始终,也就是说以上五条原则相互促进,相辅相成,你无法将其中一条单独拎出来,因为它们是整体地对教师教学发挥着作用的,正如赞科夫所说,"原则不是单独起作用的,只是作为整体的组成部分,即整个教学论体系的组成部分而起作用的"[P141],这也是赞科夫的高明之处,他用马克思主义的观点做依托,提出整体不是各部分的简单相加,而是部分与部分之间都联系与融合。

四、怎样有效教学:让学生精神饱满地生活

以往我们总是觉得小学生的理解能力、认知能力及接受能力有限,所以给小学生提供的教学内容也是较为简单的,但是在赞科夫的这一套实验教学大纲的教学下,我才恍然发现这种观点的局限。原来小学生的智力发展竟如此之快,他们接受新知识、新技能的水平竟如此之高。在传统教学法的条件下,学生的发展远不是已经达到了极限,而是还可能有高得多的发展,这是让我惊叹的。所以我认为,只要找到正确的、有效的教学方法,就可以达到赞科夫所说的学生的"一般发展",让学生精神饱满地学习与生活。

1. 形成学生对学习的内部诱因。通俗地讲,"内部诱因"就是学生对学习的兴趣,中国有一句老话,叫作"兴趣是最好的老师"。只有学生对学习产生

了强烈的追求或欲望,才能真正使教学达到最理想的效果。书中,赞科夫说道:"一旦触及学生的情绪和意志领域,触及学生的精神需要,这种教学法就能发挥高度有效的作用。"P104列宁说:"没有'人的感情',就从来没有也不可能有人对于真理的追求。"学生是有独立思想的人,是不以教师意志为转移的客观存在,而教学的效果如何,一定意义上取决于学生的内在动力,学生的情绪情感的投入程度往往是影响教学最终效果的决定性因素,正如赞科夫所说,"当人遇到某种不懂的、引起疑问的东西时,要使其感到'惊奇',为这个问题而心情激动,使不懂的东西引起人的差异情绪,这对于展开积极的、创造性的思维活动是很重要的。由于缺乏见识的证据而产生的怀疑,能够迫使一个人不顾前进道路上的任何困难而把思维活动进行到底"P104,这就是学生内部诱因的强大力量。所以教师如何有效教学,就在于如何激起学生的内在动力,把学生从被动学习引导到主动学习中来,从而体会到学习带给他们的快乐,如此一来,学生必定会对学习欲罢不能。

2.设计相应的教学方法。根据每门学科的性质,设计出能体现这门学科特色又能促进学生一般发展的教学方法。

(1)具体来说,语文教学生语言的表达和情感的把握。赞科夫在论述传统教学当中的不足时,指出传统的语文教学常常会"抹杀和压抑儿童的个性、儿童的生动的思想和感情"P308,而赞科夫所倡导的是"为学生创造最适宜的条件,有分寸地、灵活地引导儿童的文学创作过程,同时仔细观察儿童用语言表达印象、感情和思想的细节"P308,在论述文学创作时,赞科夫说:"儿童的文学创作就像聚光点一样,反映班上学生学习的突出特点。对于教师来说,重要的是要了解和觉察儿童的内心世界,启发他们的精神力量,给他们指出方向,让他们自由发挥。"P308在我所受的教育中,以及我观摩的课堂上,我看到老师们也极力地想要教学生如何更好地组织语言进行写作,但通常,老师们会在"走投无路"时"教"学生怎么写——给学生一个考试专用的框架,而忽视了学生在写作过程中的情感表达。我们要知道学生写作的内容正是学生内心世界的真实感受,而我们教师要做的就是,引导和帮助学生将他们的真实感受通过不同的,或者说是更优美的艺术形式展现出来。在这里,赞科夫也提到了在写作文之前教师总是让学生列作文提纲的现象,他认为这样的方式只会抑制学生的思维,使学生写的作文千篇一律,因此他提出"合理的做法应当是:让学生深入地、多方面地认识现实,使学生的头脑里形成的不是支离破碎的片段,而是事物之间的内部联系,在此基础上来培养一定的逻辑性"[P122],所以我们可以看到,就算是在语文教学中,赞科夫也是非常强调思维逻辑的,这其实也是他所谓"高难度"原则的体现,学生用严谨的思维逻辑观察现象、思考问题,正是一种高阶思维的表现。

(2)数学教学生应用题概念和逻辑思维。赞科夫通过比较研究的方式证明了传统教学法中存在"学生毫无热情地死记熟背,但没有动脑思考"[P128]的问题,而他所推崇的教学法应当是使学生理解完成作业的进程,理解题目中各个部分的概念及其之间的联系,比如说传统教学中"几乎完全不教学生正确钻研应用题的文字,把'条件''已知数''未知数'等术语告诉了学生,但没有说清楚这些术语的含义和相互关系。而看清应用题各部分之间的联系的性质,是理解题意的第一步"[P280]。所以教师在教学中首先要更新观念,我们要教学生思维逻辑,让学生在今后遇到不同类型的题目时也可以灵活地找到对应的方法解决问题,而不是只会其一,不知其二。

(3)音乐教学生形成音乐听觉表象,也就是"让所有学生掌握获得音乐知识和技巧所必须具备的基础"[P321]。赞科夫强调,音乐要教会学生欣赏,欣赏的不仅是音乐本身,更多的是欣赏"美",所以他将音乐课分为三部分:教唱歌、教乐理和欣赏音乐。但是,赞科夫也说到了:"可惜,在大多数情况下,上课只是唱歌,或者把时间空过,或者失去了其他两个部分的内容。"[P321]他一针见血地指出了现实音乐教学过程中的不足。在"素质教育"和"双减政策"的带领下,除了"智育"之外的其他教育似乎在慢慢获得重视,但要真正落实,还要靠教师观念、行为的转变。

(4)科学课(书中说的是自然课)教学生理解自然界的一些相互联系。赞科夫的实验教学大纲中的自然课设计了这样的一些实验,如让学生观察一幅白尾鹰的彩色图(前提是学生都不认识这个种类的鸟),并设计了三类问题,这三类问题从第一类到第三类描述得越来越具体:第一类问题是由简单的一句话构成的,没有多余的提示,如果学生无法通过第一类问题进行回答,那么就给学生第二类问题,第二类问题比第一类问题提示的内容会更多,第三类以此类推。请学生通过观察回答问题。这么做的目的是"检验学生怎样发现和理解自然界的一些相互联系以及某些交错概念的利用"[P298]。实验证明,实验班的学生"能够把所取得的知识融会贯通,并能在需要的场合加以应用。他们能够搞清楚所提出的材料,说明本质上的相互联系"[P303]。

(5)劳动课教学生创造性,培养学生自我监督的能力。在劳动课上强调学生的意志和情绪体验,让学生在积极的情绪体验中感受创造的喜悦,同时也重视学生的合作能力,通过合作使每名学生发挥自己的能动性,并且这个过程中教师一般不纠正学生的错误,而是让学生彼此之间进行纠错,赞科夫说,"在必要时他们还相互纠正。只有当学生完全无能为力时,教师才通过提问题的方式使他们把分析深入下去"[P134]。除此之外,实验操作步骤也不是直接现成地教给学生的,而是让学生自己推断出来的,并且每个年级循序渐进地让学生掌握方法。同时劳动教学也十分注重与其他学科的联系,比如说制作纸船的实验,要让纸船浮起来,就需要学生运用"浮力"的相关知识,用到数学、物理学、工程学、技术学等领域的相关知识,甚至小船要美观,还要涉及艺术领域的知识,这相当于赞科夫在他那个年代就提出了今天所倡导的"STEAM"教育的雏形。在我眼里,研究者就应当像赞科夫这般有远见,能够发现更多当时时代所未发掘的亮点,这是又一次让我激动的时刻。

3.教师对后进生要不抛弃、不放弃。赞科夫在书中强调,"恰如其分的可靠措施是全面安排教学与教育工作,而首先要保证后进生得到理想的发展"[P228]。在实际教学工作中,我们经常为后进生感到头疼,一想到"没有教不好的学生,只有不会教的老师",我们就开始自我怀疑,但是一想到自己初入教师行业时紧握拳头立志教好每一名学生,我们又斗志昂扬……在内心无数次斗争之后,有多少老师最终会败给现实,这我不知道,但至少我坚信我将来不会!我也有过代课的经历,也正是因为这段经历让我决定选择教育行业。前几天跟我的一个朋友聊天,她问:"你是爱上教师这个行业了吗?"我说:"是啊!"我喜欢校园里的氛围,我喜欢孩子们对我撒娇,我喜欢他们犯错时不知所措的可爱，甚至喜欢他们趁我不在时的调皮捣蛋，在这个过程中，我也被学生气哭过，现在想来确实好笑，但同时也觉得是一份宝贵的经历呢！

现在老师口中的"后进生"主要是指那些学习成绩不佳的学生，而面对这样的一群学生，老师最关心的也还是他们的知识与技能的掌握情况，所以就像赞科夫实验中的普通班的老师那样"十分明显地只想通过自己的工作首先使努丽娅特获得好成绩，为掌握过去的东西而进行补课，不对她的一般发展做工作"[P219]。那我们应该怎么做呢？赞科夫认为，"不仅要传授各学科的知识、技能和技巧，而且首先要在孩子们的一般发展上取得理想的成效"[P220]。在这里列举一个书中实验班一名老师的做法：教师在评定学生伊拉的进步时，不仅注意到以一定分数反映的成绩，而且注意到她的认识兴趣、意志品质和思维过程的发展。[P220]"教师这种善意和关心的态度，促使伊拉在一般发展上得到理想的进展，并因而在掌握知识方面也取得了进展。"[P221]

总之，《教学与发展》给了我无尽的启示与感慨，赞科夫是一位有智慧的老师，他对低年级学生的教学问题提出了如此颇有见地的观点，他的见解和思想都是吾辈值得珍惜的经验宝库。当然，时代有发展，社会对人才培养的要求也在不断更新，对于书本中的具体观点我们更多的是以学者的姿态与前人对话，学习其中的思想和作者的智慧，要知道学问是死的知识，智慧才是活的能力。作为小学教育专业在读生的我，在书中体会到了严谨的科学态度，学习到了实验研究的设计与开展方式，注意到了论文写作的要点……这无论是对我的研究生生涯，还是未来的教师生活都有许多帮助与启迪。若未来成为教师，我希望可以更多地与前人对话，做一个智慧的教师，赋予美好，授以希望。

蓦然回首，幸福就在那里

——读《动机与人格》

唐 荣

摘要：一个人的人格影响着他看待世界的态度以及他的处世之道，拥有健康人格的人眼中的世界有诸多美好，人生是幸福的，对人也充满友善，而不健康的人心中会有诸多苦闷，认为自己的人生十分不幸，在与他人相处时，不乏猜忌、嫉妒等负面情绪。马斯洛后期认为人主要有七种需求，人格的形成与儿童时期的体验、需求的满足有着密切联系，在儿童早期的教育尤其是家庭教育中，可以通过分析自我实现者的特点为家庭教育寻求方向指导，在家庭中多注意会对人格产生影响的方面，尽可能地满足儿童对安全感与爱的需求。同时，爱情是一个永恒的主题，拥有良好爱情观对追求幸福人生也有莫大的影响。

关键词：人格；需求；自我实现；家庭教育；爱情

《动机与人格》[①]的作者马斯洛是当代最伟大的心理学家之一，人本心理学的奠基者之一，有"人本心理学之父"之称。此书奠定了马斯洛的学术地位，是他最重要的著作之一。这本著作主要是围绕需求层次论和自我实现论来阐述其基本观点的。他在书中提出了许多绝妙的理论，包括人本心理学科学观的理论、需求层次论、自我实现理论、无动机理论、心理治疗理论等。其中，需求层次论是广为认知的理论，是马斯洛心理学中影响最大的理论之一，至今仍对管理学、心理学、教育学等多个学科领域产生着巨大的影响。

---

① 亚伯拉罕·马斯洛著，陈海滨译，江西美术出版社 2021 年版。下文未注明文献来源的引用均出自该书。

翻开《动机与人格》这本书时,恰逢迷惘之际,这时的我落入非此即彼的陷阱中,对社会现象和对人的看法停留在非黑即白的阶段,甚至对自我的认识产生怀疑——善良就是善良,不容一丝杂念,如果行为脱离了至纯至善,那这个人就是伪善的,即自我是虚伪的,这不符合自己对理想人格的设想。这样的认知让我常常陷入痛苦之中,让我对生活里的一切产生怀疑。翻开了《动机与人格》这本书后,马斯洛对人性、人格的研究如一把利剑,粉碎了我对完美人格的误解。

即便暂未进入正文,仅停留在序言部分,马斯洛的观点也让我欣喜若狂。马斯洛说:"如果我们充分认识到这些人类特性,如果我们不再幻想持久和永恒的幸福快乐。如果我们能接受狂喜只会转瞬即逝,内心的不满和愤愤不平总会接踵而至的事实。那我来提供一个现实的可能性,那就是,我们也许可以告诉大众,自我实现的人会采取的行动是什么,即,他们对自己拥有的一切如数家珍,他们会感恩所拥有的一切,并且会避免落入非此即彼的陷阱。"[P9]自我实现处于马斯洛动机需求层次理论的顶端,是一个难以达到的境界,即便对于普通人来说难以达到这样的境界,自我实现的人格特质也值得我们研究和学习。正如这一段话所说,当我们能够坦然地接受转瞬即逝的喜悦,怀揣感恩之心,把目光着眼于自己现下拥有的事物而非失去的事物,避免非此即彼的偏执时,我们的生活会轻松快乐很多,离幸福人生也就更进一步。

《动机与人格》一书中提到的动机需求层次理论原本是五个层次,后来在此基础上发展为七个层次,七个层次按照一定的顺序排列,但值得注意的是,这七种需求没有严格的顺序,有的需求可能是交叉存在的,也并非一个阶段的需求满足后就会产生下一个阶段的需求。

一、人的七种需求

(一)生理的需求

生理的需求包括了人的生存最基本的东西:日常果腹的食物、水、空气、睡眠等,它们是维持生命最基础也是最重要的事物,给予人生存的力量。在世界上的一些极度贫困地区,仍然存在吃不饱穿不暖的现象。例如在非洲贫民窟,儿童为了帮助家庭维持生计,从小就要把烧好的碳装进袋子里以维持生计,他们的童年充满着有毒的炭灰和烟雾,最小的从事这份工作的儿童仅三岁。这样的童年,剥夺的不仅是他们当下的慰藉,还有他们对未来美好生活的向往与憧憬,以及突破阶层的渴望和能力。

(二)安全需求

安全需求即人们需要一个稳定的、有秩序的环境,在这样的环境中能够消除人们一定的恐惧和焦虑等负面感受。我们更容易在孩童的身上捕捉到这种需求,因为儿童的行为是无意识的,是一种尚未经过训练和思考的下意识行为,通过观察婴儿和儿童行为我们有更快地理解成年人对安全感的需求的可能。儿童对安全感的需求还有另一种表现,即他希望日常活动不会被中断,或者希望有某种固定的节奏。他想要的似乎是一个可预测的,有法可循的,有秩序的世界。比如父母做的事有不公正、不公平或者是不一致的情况,似乎都会使儿童感到焦虑,并产生不安全感。因为这会使儿童产生这个世界看起来不可靠、不安全或有不可预测的危险的感觉。[P62] 人在童年期安全感的满足将会影响他成年后自信心方面的表现。例如,在陌生环境里,儿童希望能够紧紧牵着父母的手或衣角,从父母那里得到安全感,当这种安全感未被满足时,即便他们变成成年人,在同样的情境中仍然可能会攥紧自己的衣服和书包等手边东西,不自觉地流露出怯懦与不自信。

(三)归属和爱的需求

归属和爱的需求主要是指一个人渴望与身边的人建立某种良性关系。良性关系意味着融入和被接纳。例如在家庭中,父母和儿童都渴望与对方建立一个良好的亲子关系;在班级中,儿童需要与同学和老师打交道,结交自己的朋友,让自己被班级成员接纳,良好的同伴关系是美好的校园生活的开端。

(四)尊重的需求

对于尊重的需求,马斯洛将其分为两类,一方面是尊重自己的需求,即人格独立、取得一些成就赢得尊严或是能够掌控自己想要掌控的事物。另一方面是对基于他人的地位和威望形成的对他人的尊重。

（五）认知的需求

这是一种知识和理解、好奇心、对未知事物的探索、探究事物的意义和可预测性需求。好奇心在人的童年阶段最为旺盛，但是在现下的学校教育中，这种认知的需求可能会被抑制和弱化。因为现如今的教育还是一种应试教育，老师需要在有限的时间里让学生掌握更多的知识，这样的教育过程会阻碍学生的自主探究，如果一个人孩童时期认知的需求一直都没有得到很好的满足，儿童的好奇心就会减弱，这就是小学生的课堂相比大学生的课堂更为活跃的原因之一。

（六）审美的需求

欣赏和寻找美、平衡、形式等。这是马斯洛需求层次理论后期发展来的。

（七）自我实现的需求

这个阶段人们可能开始追求实现自己的人生价值。马斯洛认为："追求和满足高层需求，具有良好的公众和社会效益，在某种程度上，需求层次越高，就必然越不自私。"[P123]"那些基本需求已经得到足够满足的人，在寻求爱和尊重时往往会发展出诸如忠诚、友爱、公民意识这样的品质，并能成为更好的父母、丈夫、教师、公仆等。"[P123]也就是说，能够追求最高层次需求的人更容易体现出利他性，更容易对社会产生价值。这种需求将超越物质的需求，转为精神层次的需求。可惜的是，能够达到这种层次追求的人在当今世界是少数派。

二、自我实现者的心理特征

从书中我们可以发现，如果把七种需求画成一个金字塔，毫无疑问，自我实现的需求会在金字塔的顶端。自我实现的人是完整的人，是内心健康的人,是拥有健全人格的人。自我实现的人有如下几个心理特征。

(一)迅速且准确地透过表象看到现实

自我实现者在感知世界的过程中会更少受到习得文化的影响,几乎不会在全面了解事物、感知现实之前就把自己的主观意识混入客观事物之中,他们能更清楚地看待现实,他们的眼睛会尽可能地还原事物的本来样貌,而不是透过有色眼镜去看待一个人为扭曲的世界。就像儿童眼中的下雨天,就只是一个下雨天,跟上班出行不方便没有关系,也不掺杂阴郁等负面信息。但心理不健康者在认知世界时,则会更多地"夹带私货",在客观事物中掺入自己的主观愿望或是顾虑,由于每个人的主观愿望或顾虑会存在差异,不同的心理不健康者对世界的认知是不同的。正如名言所说:"一千个读者有一千个哈姆雷特。"自我实现者能够敏锐地捕捉到真实世界的这个特点,马斯洛是这样描述的:"他们似乎是这样一群人,能够迅速看到隐藏在表面之下的或者错综复杂的现实,比其他人的判断更迅速,也更正确。这是因为他们较少受到自己的愿望、需求、焦虑、恐惧以及普遍的会由性格决定的乐观或悲观情绪的影响。"P175

(二)悦纳自己,接受种种不完美

自我实现者面对自己的缺点时更为坦然,并非因为这些缺点无关紧要,而是他们看待这些缺点的视野更为广阔,他们认为这些缺点既不会完全决定事情的走向,也不会决定人的一生。"他们甚至都能与自己的缺点和谐共处,那么对于这些缺点他们完全不再认为是缺点。而只是中性的个人特点。"P179这样的心态促使他们能够更好地悦纳自己,把思维、时间和精力放在一些更重要的事情上,而不是整日思索一些不那么重要的负面信息。有的人拥有美貌,有的人却普普通通甚至与美丽相差甚远,但这仅是个体的一个特点,并不意味着不具有美貌优势的人就是一无是处的人。所以,我们在面对一些缺点的时候,可以试着避免不必要的焦虑,把时间和精力放在学习与阅读或者其他更有意义的事情上,在努力之下可能会拥有一颗睿智的大脑,睿智的人同样可以魅力四射。同时，"这也并不是说在他们身上完全不存在负罪感、耻辱感、悲伤、焦虑和防御性，而是他们不会有不必要的，或者神经症的（由于其非现实型）负面情绪"。[P179]此外，自我实现者会尝试去调整和改变自己的不足与缺陷，会以积极的心态面对无法改变的不足与缺陷，他们会更加坦然，也正因为如此，他们面对其他人时也会更加包容，更加积极。世界是一面镜子，你是什么样的，你看到的世界就会是什么样的，心态越积极，所看到的世界就越美好，这是一种良性循环。

（三）以问题为中心，而非以自我为中心

自我实现者能够更投入地参与工作，相比之下，他们工作起来比常人更刻苦、更专注。实际上，他们所从事的工作不一定是他们喜欢的工作，他们能意识到自己的工作对他人的价值以及对社会的价值，因此他们仍旧会为工作全力以赴。他们能够献身于某种事业或使命，"追求和满足高层需求，具有良好的公众和社会效益，在某种程度上，需求层次越高，就必然越不自私"。[P123]这一点在自我实现者面对工作的态度上也可以得到论证。

（四）能够享受独处，并在独处的过程中发挥创造性

匮乏性动机的人在其他人的帮助下，才能满足他们的大部分主要需求，但成长性动机的人却与之相反，他们的基本需求已经得到满足或者在极大的程度上被满足过，所以他们不那么需要其他人的帮助。大多数情况下他们选择依靠自己，喜欢在安静的独处中思考，得出解决问题的最佳方案。此外，他们的思想更加独立，不易受到文化的影响，他们的思维更少受到制约、束缚和约束，因此他们提出的解决问题的方案会在某些方面体现出独到之处和创造性。尽管他们最后不一定会成为作家、艺术家或发明家，但他们抛却个人成见、个人喜好的客观的思考方式使他们具有同儿童般天真的想象力，这使他们更具创新精神。

（五）对人类充满爱心

自我实现者不仅关心他们的朋友、亲属等与自己关系密切的人，他们的

爱更为广博,甚至能扩及全人类,这与他们以问题为中心的工作态度也密切相关。尽管他们不一定喜欢自己从事的工作,但当他们意识到自己的工作与大众的利益有紧密联系的时候,他们就会尽情地投入工作,不得不说是对人类的爱促使他们如此认真地工作。

(六)不喜欢循规蹈矩,反对盲目遵从

自我实现者也可能在外表上表现得循规蹈矩,因为他们有更深的洞察力以及对现实的深刻思考,他们深知在某些情况下,如果过于特立独行、拒绝规则,会使别人受到伤害或是陷入尴尬的境地,因此对他们来说有时候表现出循规蹈矩是无可厚非的。实际上他们更喜欢和不要求或不期望循规蹈矩的人待在一起,在这样的环境里,行为不用墨守成规,天性能够得到一定程度的解放,他们会更自在,更自由。自我实现者拥有更加自立、自强的人格,他们认为人必须有主见,认定的事情就应坚持去做,尽量避免因为受到外界舆论和保守的反对力量影响而盲从。

(七)有坚定的内心,不容易受外界的干扰

人的很多烦恼都来自人际关系,是否受到外界的欢迎和认可常常影响到人的心情,因此人在面临人际交往的挫折时常常会有烦恼、苦涩甚至抑郁的情绪出现,进而可能对生活不满、自暴自弃。而自我实现的人因为童年早期的安全感、归属感以及自尊需求得到了极大的满足,所以他们在不被周围人欢迎时能够表现出极大的承受能力,这个特点意味着他们拥有较为健康的内心。这种稳定且强大的内心,使他们拥有更强的抗挫能力,更强的复原力,能够帮助他们更积极地面对生活,达成自己想要达到的目的。

三、自我实现者的爱情观及启示

爱情是围绕人一生的主题。什么是爱情呢?马斯洛认为爱情是一种温柔的感觉,在体验爱情的时候还会伴随着享受、幸福感、极度快乐等美好的情绪,并一直渴望和爱的人靠得更近,这种更近不仅指空间上的距离,还有精神

上的亲密；想要有更亲密的接触，想要和对方进行触碰与拥抱；向往着给予对方一种持续的爱。自我实现者的爱情观有如下几个特点。

（一）轻松地袒露自己

常人在吸引伴侣时会尽可能地展现自己的优势，即便和异性建立起亲密关系，在相当一段时间内，他们仍旧趋向于隐藏不足，并尽可能地保持距离、神秘感，让自己看起来更有魅力。无法反驳的是这种刻意的行为模式在吸引异性的时候的确行之有效，但这种状态意味着防备，意味着顾虑，意味着压抑自己的本性。这样的感情会长久吗？而自我实现者在遇到爱情后，在一定程度上会摒弃防御机制。他们可以轻松地展示出自己最真实的面貌，甚至会主动向对方暴露自己的缺点。他们可以放松地坦诚，不用过多顾虑对方是否会因为自己的某些缺点而放弃自己，他们相信自己的魅力，也充分信任自己选择的伴侣。因此择偶过程中，选择一个让自己感觉放松的伴侣是十分重要的。

（二）在熟悉中增加亲密感

前文提到，人的缺点之一是贪得无厌，在感情中，人也容易喜新厌旧。我们上一辈的婚姻更为稳定，因为对于他们大部分人来说离婚是可耻的，但在现在，离婚是再正常不过的事情。虽然离婚的理由有很多，但当离婚这一行为产生时，当初和对方结婚、共度余生的决心便早已烟消云散，现在的人对伴侣的包容度比以前低很多。上一辈的人，东西坏了都想修，这一辈的人，东西坏了都想换，这种生活观念也会投射到爱情观上。而对于自我实现的人来说则不然，在面对爱情时，他们会从熟悉中获取亲密感。这尤其体现在他们对性的态度上，对于不少人来说，性伴侣的新鲜感意味着刺激和吸引力，但对于自我实现者来说则完全不是这样，他们的性满足和生理满足反而会因为伴侣的熟悉而提高。相比一时的新鲜感，细水长流的陪伴更为重要。

（三）慎重对待性与爱

随着互联网时代的到来，科技飞速进展，人与人之间想要建立某种联系的难度大大减小,有的人甚至会在网络上寻找爱情,但是在虚拟的网络世界里寻找到的伴侣可靠度有多少呢? 人们在这种快节奏生活、快节奏交友的状态中,一不小心就和他人发生了性关系,但对于某些人来说性只是性,是一种让自己和他人都愉快的游戏。自我实现者发生婚外情的概率则要小得多,这不意味着他们没有七情六欲,也不代表他们完全不会被新鲜感吸引,而是他们会更好地约束自己的行为,在自我实现者眼中,性与爱是紧密联系在一起的。在他们的生活中,性与爱难以区分,他们绝不能在没有爱情的情况下享受性快感,如果没有感情基础,他们宁愿没有性。可以说慎重对待性与爱是对自己负责,也是对他人负责。

(四)既尊重他人,也尊重自己

马斯洛在书中认可了奥夫斯里对爱情的描述——爱一个人不是占有他,而是对他进行肯定,能够心甘情愿地承认他的独特人性。这便是自我实现者对伴侣抱有尊重态度的原因:他们能够承认对方是自由的独立的个体,不会试图控制对方的行为或是刻意忽视对方的意愿,会给予对方完全的尊重。但同时他们也会尊重自己的主张,遵循自己的内心,正如上文提到的,他们可以坦诚地展现出自己的特点,保留着自己的独特个性。在建立亲密关系的过程中,尊重他人与尊重自己缺一不可,尊重他人意味着给他人空间,尊重自己保持独立的人格则是幸福人生的起点。

(五)在选择伴侣时具有高级品位

自我实现的人很容易深爱一个平平无奇或者相貌普通的人。因为自我实现的人更看重精神的匹配程度,生理、经济能力、教育上的缺陷对他们择偶的影响并没有性格上的缺陷大。这不意味着他们全凭直觉选择配偶,在选择配偶时他们同样会深思熟虑,但通常情况下他们的直觉品位和理智判断具有一致性。事实上,精神的匹配是两个人长久相处最基本的也是最重要的因素。

四、《动机与人格》对家庭教育方面的启示

阿德勒说:"幸运的人一生被童年治愈,不幸的人一生在治愈童年。"关于童年,有的人家庭圆满,一生被爱,有的人家庭支离破碎,不知何物为爱。于是后者穷其一生,都可能会有意无意地寻找童年时期缺少的安全感与爱。这种说法与马斯洛的需求层次理论不谋而合,由此我们可以发现,童年时期对儿童今后的发展有着深远的影响,因此我们要格外注意儿童的早期教育。"文化和环境可以轻而易举地完全消灭或削弱遗传潜力,虽然不能创造,甚至增强这种潜力。"[P10]"从某个意义上来说,一个婴儿也只是有了成为人的潜力而已,他还必须要在社会环境、文化环境,以及家庭中成长为一个人才行。"[P10]在现实社会中,儿童的早期教育主要以学校教育和家庭教育为主,然而学校教育的现状是几个老师面对几十个学生,老师能够分散给每个学生的关注远不如家长,学校教育更多的是满足儿童求知的需求,通过生生交往、师生交往在某种程度上促进儿童归属与爱的需求的满足。而当今社会的每个家庭基本上是两个以上的家长面对一至三个儿童,相比之下家长在教育儿童的时候更有针对性,对儿童人格的发展有着重要影响。

要促进自我实现的达成,家庭教育应该重视哪些方面的教育呢?通过分析马斯洛笔下自我实现者的性格特点,我们能从中获得一些启发(这个部分的讨论基于吃饱穿暖这种最基本的生理需求已经得到满足的情况下展开)。

(一)给予儿童充分的安全感和爱的体验

首先我们要重视儿童需求的满足,如果儿童在安全感和爱的方面缺乏体验,在一个缺乏安全感的环境下成长为成人,那他们将带着这种不安度过余生。如果他们余生将很多精力放在从他人身上获得安全感和爱这个层面的目标上,就很容易出现心理问题,比如会终日担心被抛弃,生活不稳定,学习和工作以及生活的质量很难得到保障。即便他们顺畅地完成了学习、工作及生活的任务,在人与人之间的交往中,他们从童年带来的不安也会隐隐作祟,在面对他人时会不自觉地猜忌、怀疑,或者是担心再度被抛弃,因而很难对他

人敞开心扉，或者坦诚地面对他人，无法与他人建立真正可靠的亲密关系。除此之外，匮乏性动机的人必须借助其他人的帮助来获得内心的圆满，因为童年没有获得足够的关于安全感和爱的体验，所以成年后他们大部分主要需求的满足（不论是低级需求，如爱、安全感，还是高级需求，如尊重、生育、归属感）都只能来自其他人。但儿童和成年人对安全感与爱的需求是不一样的，一方面，处于童年期的儿童更偏向于被动接受，而成年人偏向于主动索取；另一方面，儿童和成人对安全感与爱的满足阈值不一样，童年时期没有体验过足够的安全感和爱的成人可能会对这方面的需求产生执拗，他们的大脑在漫长的岁月中会生成自己对安全感和爱的设想，因此，体验性缺失的成人不仅难以被满足，甚至会产生一种不那么容易被察觉的病态的需求。正如书中所说："很显然基本需求在心理和生理方面都占据特殊的重要地位，他们有些与众不同，这些需求必须得到满足，要不然他们的精神就会出问题。"[P116]

而得到过安全感的满足、获得过丰盈的爱的人更容易形成健康的人格，也就是说基本需求满足的程度与人的心理健康程度呈正相关。具有成长性动机的人的满足感以及感受到生活的美好的决定因素来自个体的内在，也就是来自他们本身，不用依靠社会或他人。因为他们在过去经历体验过许许多多的爱与尊重，基本需求的满足使得他们自己的内心已经足够强大，可以不受他人评价的影响，甚至也不会被他人情绪所影响。而那些外在，让一个人看起来有价值的荣誉、地位、声望以及他人给予的爱，在具有成长性动机的人心中，其重要程度均低于他们自我发展和内在成长的价值。

因此，家庭教育要给予儿童足够多的安全感和爱的体验。当儿童放学回家后，向家长倾诉烦恼时，家长应认真倾听，对于家长来说的小事、无关紧要的事在家长的生命历程中可能出现了无数次，但对于儿童来说，这些烦恼都是新鲜的，急需有经验的成年人给予相当的重视和及时的关注。例如我身边有一个同学，小学时当班长，班上有那么多同学，总会遇到一两个调皮捣蛋的，在与其他同学发生冲突后，班长向父母寻求帮助和安慰，父母本应耐心询问发生了什么事情，对处理班级的事务提出可行的建议或是安抚她的情绪，告诉她同学抗拒的是班规本身而不是她这个人，同学们是喜欢她的，父母是无条件爱她且无条件站在她身边的，现实却是她的父母对这件事情置之不理。这时这个小班长就受到了两种伤害：一是不被同学理解和接纳的伤害，二是父母对她的生活及感受毫不在意的伤害。诸如此类的事情发生多了之后，不被父母爱护的念头开始发芽，这导致后来她对亲情和友情十分淡漠。

（二）对儿童进行挫折教育和感恩教育

随着物质水平的提高，生活节奏仿佛被按下了快进键，人们的生活状态和以前也截然不同，亲子关系也发生了巨大的变化。很多儿童开始觉得父母给予的一切包括爱、尊重、物质是理所当然的。于是儿童对父母缺乏感恩之心，对那些唾手可得的东西缺乏敬畏之情。其实不仅是儿童会有这样的表现，大部分人通常都会把当下拥有的事物、拥有的幸福视为常态，因为来得过于轻易而不知何为珍惜。健全的人会抱怨不够富足，富足的人会抱怨身边的人不够真诚，真诚的人会抱怨上天不公，自己的真诚换不来丰厚的物质。每个人都有可以抱怨的理由，却忽略了那些简单的快乐，我们可以选择抱怨，也可以选择为拥有的东西感到庆幸。其实，拥有已是幸运。有人生活在战乱中，生活稳定、满足吃饱穿暖这种最低级的需求对他们来说都是奢望；有的人天生残缺，缺乏视力、听力或是完整的四肢，他们希望得到健全的躯体……"人是一种贪得无厌的动物，除了短暂的瞬间会有完全满足的时候，一旦一个愿望得到了满足，另一个马上会冒出来取代那个被满足的愿望，一旦这个愿望被满足了，就会有另一个跑到台前来要求得到满足等等，这是人类贯穿一生的特点即他基本上总是想得到什么。"[P147]

如何改变人类贪得无厌的本质呢？让成人在儿童时期就经历丧失的挫折或许能够起到一定的作用。对于总是忽视当下的美好的人，"特别是那些对经验缺乏热情，缺乏活力，很难获得巅峰体验，对享受快乐和愉悦有强烈障碍的人，为了让他们重新学会感恩，大概很有必要让他们尝一尝失去好运气的滋味"。最显而易见的情况就是，当亲人在世的时候，我们可能对此习以为常，忽略和亲人相处的美好时光，时而拌嘴争执，当亲人离世时就会产生懊恼的情绪，开始后悔为什么我们没有善待亲人，没有多花点时间在与亲人相处这件事上。因此家庭教育可以为儿童创造一些情境,去体验生命的坚韧和脆弱,或是在户外丰富儿童的体验,让儿童亲自去摘菜、劳作,食物的丧失可以让儿童意识到原来每日稀松平常的饱餐是多么来之不易。当人意识到拥有的事物是别人不曾拥有的事物时,当我们意识到我们的拥有是一种与众不同的幸运时,我们就可能减少抱怨,为自己的健康感到快乐,为亲人健在感到快乐,为可口的饭菜感到快乐,为美好的落日余晖感到快乐。当我们能够感恩生活里的一桩桩小事时,快乐将在生活中随处可见,或许我们的生活状态和我们的满足感也会得到大大的改善。

(三)对儿童好奇心的保护

有时,儿童的好奇心会随着教育的深入而丧失,这是一个不得不承认的事实。好奇心的丧失意味着求知欲的削弱,进而使人失去探索世界的欲望,这会使个体丧失很多生活乐趣,也不利于全人类的发展。马斯洛对心理健康的人类进行研究,结果表明,人类的典型特征之一是对神秘的、未知的、混乱的、无法解释的事物着迷,如果我们在儿童发展过程中做了抑制儿童探索世界的行为,那他们可能会变得循规蹈矩甚至失去创造性。现在的父母在养育儿童的时候总是显得小心翼翼,当儿童拆家里的东西时,既担心物品损坏又担心儿童受伤,实际上过度的保护会妨碍儿童的成长。在皮亚杰的认知发展阶段论中,当儿童处于第一个阶段即感知运动阶段时,他们会用自己的感官去认识世界,常见的表现是儿童用嘴吮吸手指头,父母通常会以儿童的手指不干净为由禁止儿童吮吸手指头,这样的行为实际上就是在阻止儿童探索世界。因此,父母在养育儿童时,应学会调适心态,把自己的焦虑和不安降到最低,在保障儿童安全的情况下尽可能地给他们提供一个能够发挥创造力的环境。

(四)引导儿童接受不完美

有时候儿童会因为一些事情对自己的朋友产生怀疑,例如小红的同学踩到了小红的脚,但是同学并没有向小红道歉,在小红心里可能会认为这个同学没礼貌，进一步认为这个同学人品有问题，不值得交往。但这个同学可能是没有注意到自己踩到了小红的脚，也有可能是她不好意思向小红道歉。实际上这个同学其他时候都表现得很友善且有礼貌，甚至在这个同学心中小红是自己的好朋友，如果小红因为误解而放弃与这个同学的交往，那么小红就会失去一个值得交往的朋友。所以家长要对儿童进行适当引导。当儿童适应这个不完美的世界之后，才会对世界产生更多的期待和包容。"比如说，我们能教育我们的青年人放弃不切实际的完美主义观念，不要求人都是完美的，不要求社会，他们的老师和父母、政治家、婚姻、朋友、组织等都是完美的，那么对社会和教育领域的影响几乎是立竿见影的。即使是通过现有的有限的知识，我们也明白，这样的期望是幻想。"[P14]，当我们放弃"世界是完美的"这种幻想时，才能对世界产生真实、实在的认识，从而减少因不现实的期望破灭后产生的失落与痛苦。

总之，从客观来讲，童年的经历会影响到健康人格的形成，进而影响到一个人的幸福观，作为成人，为儿童提供美好的体验具有极大的价值。从主观来看，幸福是一种主观的感受，它是人内心的映射。因此在弥补童年的过程中，在寻找幸福的路上，不妨停下来，看看自己已拥有的事物，用积极的心态面对生活，或许能体验到生活的别样风味。

让教育发挥真正的价值：五育中的德育、智育、体育

——读《教育漫话》 王利菁

摘要：洛克是17世纪英国著名的哲学家和思想家，绅士教育在英国如火如荼，洛克撰写的《教育漫话》也充满着绅士教育色彩，绅士教育的任务是要阐明如何才能培养出符合时代需要的有理性、有德行、有才干的绅士。阅读该书，我获得了以下启示：不论是绅士教育还是其他教育，德育、智育、体育应全面发展，有机融合，缺一不可；德育比智育更为重要。《教育漫话》不仅是承担儿童教育重任的教师应学习的书本，更是家长育儿的指导手册。我们如今的社会强调的是德、智、体、美、劳全面发展的社会，但是在实践层面，教师是否能够真正落实到五育中去，对于前三育又是否能真正明白其中的内涵和联系呢？把德育、智育、体育单独拎出来理解的重要性可想而知。在理解了最重要的三育之后，有机地融合、发挥教育真正的价值亦是我们应该探讨的。

关键词：洛克；《教育漫话》；德育；智育；体育

《教育漫话》[①]是英国著名思想家、教育家洛克执笔的集德育、智育及体育为一体的独特而系统的教育名著。这本书是洛克与其友人爱德华·葛拉克讨论教育问题的信件记录。洛克曾先后担任过沙夫茨伯里伯爵和爱德华·葛拉克的家庭教师，积累了比较丰富的经验。1688年，洛克为了帮助英国上流社会家庭用"最容易，最简捷"的方法培养绅士，将这些信件加以整理、结集，于1693年公开出版了《教育漫话》。它从问世以来，一直在不断出版，成为欧美乃至世界文化、教育的瑰宝之一。

---

① 约翰·洛克著，杨汉麟译，人民教育出版社2006年版。下文未注明文献来源的引用均出自该书。

接触教育,感悟教育,在教育领域初出茅庐的我捧起手中的《教育漫话》,心情无法言喻,我感激教育,感恩教育,想从书中获得更多的教育智慧,日后为我所用。翻开目录,映入眼帘的是三个篇章:健康教育、道德教育、知识与技能教育。这让我想起了当前教育提倡的德育、智育、体育。我不禁产生一个疑问:洛克眼中的三育与我国如今提倡的五育中的三育是否一样? 抱着这样的好奇心,我缓缓地翻开了这本书。

细细阅读完《教育漫话》,我的头脑中洛克的教育和现实的教育复杂地交织在一起,我深深地明白:教育不是生硬的教育,要让教育发挥其应有的价值才是真正的教育。为此,如何发挥出教育真正的价值成为我在教师逐梦之旅上的必修课。

一、道德教育

洛克的绅士教育包括体育、德行、智慧、教养、学问,其中三项都与德育有关,精神品质的培养是一个人人生教育中最重要也是最困难的事情。洛克对于德育的重视也是不言而喻的,在洛克看来,德行是绅士思想应具备的各种品性的首位,被视为最必需的品性。洛克认为:"身体的强健主要体现在能吃苦耐劳,精神的强健同样如此。"[P29]洛克充分意识到了精神上的强健比身体上的强健更为重要,他把德育放在家庭教育的首位。

(一)"良好的德行"的三层含义

首先,具有"世俗"的聪明。从我们现在理解来看,"世俗"的聪明体现在一个人的社会性上,体现在为人处世能够富有远见、在社会交往中能够从容应对、面对不同的场合有不同的话术上。善于交际,会让身边的人都感受到舒服和自在,潜在的人脉资源也在慢慢积累。

其次,懂得基本的礼仪、礼貌。这体现在仪表彬彬有礼,风度翩翩,文雅大方。例如,英国流行的一种向尊者致意的礼节,通常动作为:一腿弯曲,另一腿向后伸,脱下自己的帽子,退步致敬的姿势尽可能优雅。

最后,具有性格刚毅、坚强、能吃苦耐劳等品质。要达成儿童以理性克服欲望的目标少不了儿童坚强和能吃苦性格的养成，这需要从点点滴滴的小事做起。例如，儿童一次只可有一种玩具，"他们的玩具要自己做，至少也得自己努力试着去做"。[P125] 儿童玩具过多容易导致贪多的心理，只有依靠自己的努力去获取一些东西，他们才会懂得理智和克制。

(二)德育的两条主线

首先，要训练儿童以理性克制欲望。"一切德行与价值的重要原则及基础就在这一点上：一个人能抗拒自己的欲望，能够不顾自身的自然倾向而纯粹服从理性最好的指向，尽管与欲望背道而驰。"[P29] 父母从孩子很小的时候开始，就应该教孩子克制自己的欲望，在生活中，让孩子逐渐明白，之所以得到某样东西，是因为这是他当前合适获得的，并不是因为他们喜欢而得到的。"儿童所求凡遭拒，撒泼哭闹不可得。"[P36] 当孩子遇到喜欢的玩具走不动路、开始撒泼打滚的时候，父母不能就此屈服，因为有了第一次，就有第二次，儿童年纪越小，理性越少。其次，从小通过教育与练习去培养儿童所必需的、良好的性格习惯。这就要求家长对孩子宽严结合、奖惩结合，并进行榜样教育。奖惩的方式也有讲究，需要斥责呵斥时，应该背着别人私下进行，保护孩子的名誉不受损；表扬称赞时，应当着众人的面夸奖，孩子就会体会到其中的好处，犯的错误也会减少。榜样教育的要求是：父母应为子女树立榜样，儿童最为喜欢的就是模仿别人，他们会观察父母的言行举止并效仿。"最大的尊重应属于儿童。"[P62] 每当儿童发现一件事情，父母可以做，自己却不可以做时，他的心中就会产生不平衡，以及对公平的极度渴望，甚至开始抗议父母的要求。不能让孩子感受到某些事情只是大人的特权，父母应把尊重给予孩子。

总而言之，德育的关键在于把握好教育的适度性原则。对于儿童，我们需要敏锐地观察，坦诚地沟通，在教育的过程中必须要方法得当，坚持寓学于乐。

二、知识与技能教育

洛克指出："学问固然不可少，但应居于第二位，只能作为辅助最重要的品质。"[P142] 相比于品质，学问不是最重要的。洛克对具有实际应用的学科却是非常重视，注重智慧的获得及能力的培养，提倡技能教育的重要性。从书中我们发现，洛克对智育方法提出了许多见解。

（一）启发儿童的学习积极性

启发儿童的学习积极性体现在读书方面，便是"应该极力注意，决不可把读书当作他的一种工作，也不可使他把读书当成一项任务"[P143]。因为一旦读书成为儿童的负担，他就会立刻讨厌它，哪怕他本来很喜欢读书。应该把学习看作一种游戏，把它当作一件做了别的事情以后的奖励。激发儿童学习的积极性就意味着不强迫儿童学习，反对教师用斥责和惩罚的方法迫使学生去注意，儿童学习的过程不是灌输，而是自主探索。

（二）满足儿童的好奇心

"儿童的好奇心是一种追求知识的热望。"[P116] 这种热望是一种值得欣慰的迹象，是儿童主动探索知识、汲取知识的动力。如果儿童的好奇心长期得不到满足，就会挫伤孩子好奇的动力，好奇心是拥有创造力的必备条件。而部分成人会认为儿童什么也不懂，对儿童提出的问题搪塞和制止，这样无疑在扼杀他们渴望知识的摇篮。有些儿童无意中提出的问题往往值得人深思。例如，有些孩子观察到绝大多数落叶掉在地上都是"掌心向下"，他们会认为"落叶宝宝"这是在亲吻大地妈妈，这样的理解比成人所看到的普通落叶现象更加具有创新性。

（三）培养儿童的动手能力

让儿童自己制作玩具，学习一种手艺或者园艺，皆是锻炼他们的动手操作能力。洛克描述，儿童可以学习的技艺是园艺和木工活，这些对于终日学习的人来说是一种健康且合适的娱乐方式，体力劳动可以成为一天后劳累放松的调节活动。知识的巩固在于运用，人脑的容量是有限的，儿童不可能将大量的知识存储在大脑中反复阅读，只有将记忆运用起来，不间歇地拿出来，才能活学活用。

(四)适应儿童的年龄特点

"每个人的心理都与他的面孔一样,各有一些特色,使之与他人区别开来;我们很难找到两个能用完全相同的方法去教导的儿童。"[P203] 对儿童的教育要根据儿童的不同特点进行,这和孔子提倡的"因材施教"是一致的。教学应从明白简单的地方开始,一次教授的内容要尽量减少,等到有关材料在儿童头脑里扎根,教学才可继续进行。等到儿童学会了某些知识,使他记忆牢靠最好的办法便是将这种知识再转教给其他人。

三、健康教育

翻开《教育漫话》,第一句话是:"对于人世幸福状态的一种简洁而充分的描绘是:健康的精神寓于健康的身体。"[P7] 洛克充分地认识到了健康的身体对我们生活工作的重要性,我们要先有一个健康的身体,能够吃苦耐劳,才能幸福地工作。从书中的描述来看,洛克对于儿童健康方面的要求十分严格,具体体现在以下几点。

(1)避免儿童娇生惯养的生活。

(2)脚的锻炼与冷水浴。

(3)衣着。"你的孩子的衣服一定不可做得过于紧身,尤其是胸口部分。"[P15] 如果不听从身体的安排,穿着束缚身体和紧身的服装,就容易产生狭窄的胸脯,短促且散发异味的呼吸,衰弱的肺腔,等等,百害而无一利。

(4)睡眠与卧床。"一个人若从童年起就养成及时起床的习惯,并驾轻就熟,游刃有余,那么,至他成年之后,他就不会将他生命中最宝贵、最有用的时间浪费在昏睡中及床褥上了。"[P23] 一日之计在于晨,良好的开端是成功的一半,当清晨的第一缕阳光照进我们的床头,就可以起床了。这不仅可以促使儿童早起学习,珍惜时光,更能帮助他养成早睡的习惯。在儿童期,养成早睡早起的习惯尤为关键。

四、《教育漫话》对教育的启示——让教育发挥真正的价值

洛克的观点以家庭教育为主，但我们深知，教育不仅仅包括家庭教育，还有学校教育，孩子一天中大部分的时间是在学校度过的，家庭是孩子的第一所学校，父母是孩子的第一任老师，学校教育和家庭教育对孩子的作用同样重要，缺一不可。那么，德育、智育、体育作为学校教育的重要组成部分，怎么才能让其发挥真正的价值呢？阅读完洛克眼中的三育，我们可以获得以下启发。

（一）发挥德育的价值

德育是教育的核心。蔡元培说过："德育实为完全人格为本。若无德，则虽体魄智力发达，适足助其为恶，无益也。"德育的重要性不言而喻。那么德育该从何处着手呢？

首先，从聆听孩子的每一句话开始。从一个人的说话方式和内容中可以听出很多东西，每句话无不彰显着他的思想道德修养。我们不仅要能听出孩子语言的表面意思，还要能够聆听到孩子语言的"弦外之音"，这些"弦外之音"并不是不和谐的"音符"，而是教师对孩子进行德育教育的最佳切入点。例如，部分孩子在遇到困难的时候会说："为什么倒霉的总是我？我该怎么办呢？"从孩子的这些语言中就透露出了他们害怕困难，缺乏面对各种困难的信心，面对这样的孩子，我们要做的便是帮助他们增强自信心。因此，我们要从聆听孩子的每一句话着手，去伪存真，了解孩子真实的思想动态与道德修养，并以此为基础，适时适度、恰如其分地对孩子进行道德教育。

其次，从规范孩子的每一种行为着手。约·凯恩斯说过："思想引导行为，行为养成习惯。"孩子的每一种行为习惯正是他们思想道德品质的具体体现。例如，班上有同学生病了，有些孩子会嘘寒问暖，有些孩子却不以为然。这些嘘寒问暖的孩子更懂得关爱他人，从孩子是否关心同学的细小行为着手，教师就可以对他们进行道德教育，让他们懂得关爱他人。教师日积月累、一点一滴地规范孩子的每一种行为，或许在短期看来，会显得微不足道。但

是，从长远来看，正是因为这些点点滴滴"量"的积累，最终会实现孩子德育方面"质"的飞跃。

最后，从纠正孩子的每一次错误着手。古人有云："人非圣贤，孰能无过。"无论是成人还是孩子，犯错都是在所难免的。每个班总有一两个让老师和家长都头疼的孩子，一般的说教似乎对这些孩子毫无作用，反而让他们失去对学习的兴趣和信心。教师在教育时要根据不同的情况采取不同的方法。而有些父母会因为孩子太小，犯了一些错就溺爱甚至纵容。司马光曾在《家范》中写道："爱子，教之以义方，弗纳于邪骄奢淫，所自邪也。四者来，宠禄过也。"爱孩子，必须要用正确的思想、方法、行为引导孩子，从小做一个品行端正的人，而不是一味地宠溺和纵容。孩子的每一次错误，表象背后蕴含着他们思想动态和道德修养方面存在的问题。因此，我们要从纠正孩子的每一处错误着手，找准孩子犯错误的原因，对症下药，在纠正孩子错误的同时，让孩子以"错误"为梯，不断成长。培养孩子良好的习惯是父母和教师留给孩子最宝贵的财富。一个有教养的孩子，一定比别人拥有更多更好的机会。

（二）发挥智育的价值

智育是教育的目标。智育的目的在于发展学生的能力，使之掌握正确的方法，主动获取知识。当代诗人邓拓曾说："所谓智，便是指人们的聪明智慧。所谓谋，便是指人们对问题的计议和对事情的策划。智是谋之本，有智才有谋，所以，智比谋更重要。"把孩子培养成为聪慧、优秀的人才，是每对父母育儿的目标。但很多父母为孩子倾尽所有，却事与愿违，以为只要让孩子无后顾之忧，孩子就能好好学习，成长成才。既然智育对我们来讲很重要，那么我们应该如何提高呢？

首先，发展孩子的智力。现代社会处于知识爆炸状态，知识的更新速度非常惊人，这就需要发达的智力做后盾，否则孩子将来就无法适应新的社会。从小的时候开始，父母就可以锻炼孩子的感知、认知能力，对孩子进行一些智力训练是必须的。科技天才曹原，14 岁以 699 分考入中科大，21 岁破解世界难题，成为麻省理工学院的博士生。2018 年，曹原在《自然》杂志上发表的两篇论文，震惊了整个物理界，解开了困扰学界一百多年的超导难题。曹原能取得这样瞩目的成就，除了他自身的天赋和勤奋努力外，父母对他的培养也是功不可没的。为了给曹原更好的教育环境，他3岁那年，父母从四川举家迁到了深圳。为了给曹原创造良好的实验环境，他的父母购置了很多物理、化学实验仪器，在家设立了实验室，让他能尽情地在其所热爱的科学领域探索和研究。父母对孩子智力的培养和支持，是孩子能够成才的最大动力。

其次，培养孩子的广泛兴趣和良好的学习习惯。在日常生活中，家长要尊重孩子的兴趣爱好，让孩子勇于去尝试，在平时也要给孩子一些自由独立的空间，让他们做自己感兴趣的事情。可以将孩子的兴趣和学习联系起来，例如，孩子喜欢画画，在进行数学知识"平面图形的认识"的学习中，让孩子运用平行四边形、正方形、圆形、长方形这些图形自由创作图画，在培养兴趣的同时，学习学科知识。家长还要培养孩子养成独立思考、合理安排时间、书写工整、认真完成作业、多阅读的好习惯。

最后，让孩子爱上阅读。家长可以经常带着孩子去图书馆选择书本，多陪伴并聆听孩子的读书心得体会。在阅读的过程中，教师和家长不要把读书当成一种任务强迫儿童去学，而要把读书当作一种游戏、消遣，光荣快乐的事情或对良好表现的奖励，提升孩子的阅读兴趣。让孩子迷上阅读，让书本熏陶孩子的性格，提升孩子的品位。

（三）发挥体育的价值

健康的体魄是教育的根本。只有完善体育教育，让孩子拥有健康的身体，他们才能面对学习中带来的种种挑战和压力，成才成人。法国作家蒙田曾说："只要失去健康，生活就充满痛苦和压抑。没有它，快乐、智慧、知识和美德都黯然失色，并化为乌有。"人的一生，第一重要的就是身体健康。

有这样一则新闻，在宜昌的某中学，做一项引体向上的体能测试，要求是男生做6个算及格，12个算满分。结果是全班20名男生中，只有2名男生做了2个以上，1名男生做了1个，其余的都没有完成，合格率为0。国家卫健委指出：我国6—17岁儿童、青少年超重率和肥胖率，二者相加达到了16%。在我国,未满 17 岁的青年中,1.9%患有糖尿病,有的孩子还出现了心血管危险因素。在当下,重视孩子的学习成绩已经是一种常态,家长认为学习成绩好,孩子就会前途无量,却不知健康的身体才是学习的本钱。这些现象不由得让我们反思:我们如今的体育教育做得足够了吗?

新冠疫情的发生,打乱了青少年参与体育活动的节奏。当然,不可否认的是,为了让孩子更好地参与体育锻炼,不论是体育、教育主管部门,还是学校、家长等,都在尽力为其创造条件。以北京市为例,疫情期间,上线青少年居家健身的视频、图文等指导教学内容,同时还邀请体育、教育领域的专家,通过在线直播的方式,以青少年体育为核心议题开展讲座宣读,为广大青少年参与体育运动答疑解惑,为促进"体教融合"出谋划策。在疫情好转之后,教育部对学生参与体育项目提出了要求:切实落实每天锻炼一小时。这不仅可以保证学生的健康,同时也是促进青少年成长发育的必要方式。

体育不仅可以使学生学会书本上没有的东西,也能促使他们勇于面对苦难、战胜困难,增强自信心。赢了比赛开心笑,输了比赛痛快哭,跌倒了站起来继续前进……体育运动有高潮与低谷、顺境与挫折,在运动的过程中可以让人感受到人生况味,生命的厚度也在增长。

(四)发挥德、智、体育共同的价值

各育的相互关系是辩证的,它们之间互相渗透构成一个整体。体育是为各育实施提供身体条件的,智育为各育目标的实现提供必要的科学知识基础和智力基础,德育为人的发展提供方向与动力。德育、智育、体育,是学校教育的几个组成部分。它们各自有不同的要求、内容和特点,但共处于教育过程中,是一个统一的整体。那么德、智、体三育究竟是怎样统一的呢?其中有没有主次之分呢?洛克主张"德育第一",有些学者主张"智育第一",我比较认同"三育并重"的观点。学校作为培养人的机构、人才的加工厂,其工作过程,即教育过程,首先是传授知识的过程。但是,肯定传授知识在学校教育中的重要作用,并不意味着可以得出"智育第一"的结论。教育是一个很复杂的过程,在教育过程中,德、智、体三育交织在一起,互相联系,互相渗透。

为了深入研究问题，教师可以把某一方面的教育从整体中抽出来，具体分析。而在教育实践活动中，它们是不可分割的，并不存在什么独立的与其他方面教育并行不悖的德育、智育或体育教育。无论是教学，还是思想政治教育、体育卫生工作、生产劳动、团队活动、课外科技活动等，它们既承担着某一部分的教育任务，又在不同程度上从德、智、体各方面对学生产生影响。例如，政治、语文、历史等课程，教材本身就具有非常强的思想性，而数学、物理、化学、生物、地理等课程，讲的是自然现象和规律，但是这些课程也有着其科学内容和科学方法，有利于培养学生的创新精神和科学风尚。不仅如此，教师的思想感情、工作态度、教学方法等也对学生产生着潜移默化的影响。教书与教人，是紧密联系在一起的。教学中的德育和智育，就像是水和乳的关系，德育寓于智育之中。

教学中，智育与体育也是息息相关的。除了体育课直接负责教授体育，增强学生体质，提高学生健康水平的任务外，课业负担是否适当，学生坐姿、读写习惯等，都会对学生的成长发育产生直接的影响。如今学校的综合实践活动不也是一种智育与体育的结合吗？学生在实践活动中学得了知识，还得到了身体上的锻炼和发展。

德、智、体三方面既是统一的，又存在着矛盾，其发展往往是不平衡的。因为德、智、体都有着各自不同的关键期，在关键期内，学生的发展会比较迅速。认知的发展、世界观的形成的关键期不同，在不同时期，德、智、体三方面会有不同的态度和表现，在一定情况下，三者中可能会出现某些薄弱环节，甚至某一方面的问题会比较突出。德好了，并不意味着智和体自然会好，反过来也一样。有些学生思想、才能都不错，可是他们的体质比较弱；有的学生学习成绩很好，品德上却有不少问题。儿童的发展，既有共性，也有个性。我们必须承认学生在成长过程中表现出来的差异和特点，并根据这些差异和特点，有区别、有针对性地提出要求，因材施教。

总之，虽然洛克的观点在如今看来存在一些问题：绅士教育指的是资产阶级事业家的教育，不适合大部分人的教育；对女子教育的不重视；对音乐的抵触；等等。但也可以从他的教育思想中提取精华，吸收消化，用于指导我们今天的教育。读一本好书，如同拜一位名师，洛克有关教学的建议犹如长河奔流，在我的脑海迟迟挥之不去。关注学生，教育学生，让学生真正做到德、智、体、美、劳全面发展，发挥教育真正的价值，是当前我们时刻需要学习、反思，并为之不断努力的工作重任。

热爱永不降温，勇气生生不息

——读《教学勇气》① 陈星露

摘要：当本职与本心身首分离，当热爱与勇气渐行渐远，我们又该如何在教学的一片唏嘘中重拾当年的热情，又或者在热情褪去的那一刻依然能将勇气的枝藤缠绕上身？面对纷繁复杂的教学压力与焦虑，我们选择踌躇不前还是勇往直前？谨以此文献给所有奋战教学一线的年轻老师，让帕克·帕尔默的教学勇气成为指引我们前行的一盏明灯，照亮我们一整个教学生涯。帕克·帕尔默先生从唤醒教师的心灵开始，将教学与自我重新建立联系，使教师在教学的过程中焕发强烈的自我认同感，保持自我完善的能力，从而能够直面恐惧，真正学会接纳教学中的焦虑和琐事。希望教师以整体看待世界，看待教与学，开展以主体为中心的教学，进行同事间相互切磋与学习，拒绝私密化的"孤立主义"。总之，帕克·帕尔默先生为所有年轻教师重新建立了这样一种教学工作与内在心灵之间的联系，让它们不再分离。

关键词：教学；勇气；共同体；自我认同

什么是勇气？是梁静茹歌词里提到的勇气，是可以面对周围一切的流言蜚语，还是明知山有虎偏向虎山行的倔强？当然也有可能是飞蛾扑火时的一腔热血，飞蛾扑火之前是不相信火能要了它的命。其实在我们成长阶段过程中，每一个看似不起眼的时光都见证着我们为成长义无反顾的勇气。如果给勇气添个前缀，可以是什么？在我们小的时候，我印象里的勇气是学单车；再到成

---

① 帕克·帕尔默著，方彤译，华东师范大学出版社2020年版。下文未注明文献来源的引用均出自该书。

人以后,我们经历了高考,面对未来的职业选择,我们初来乍到,跌跌撞撞地带着懵懂的勇气填报了大学的志愿;再到今天,我们毅然决然地选择了师范专业,未来必会踏上教师这条道路,就现在这一阶段而言,我们需要建立且培养的就是教学勇气。如果你作为年轻教师,在经历了教学磨难后,渐渐失去本真,变得一筹莫展时,一定要花时间读读帕克·帕尔默先生的著作《教学勇气》,合上书本的那一刻你定能从中获取最为直接的思想与启发,甚至与作者产生观点的碰撞与辩论,会与曾经一些焦虑的想法和解,慢慢释怀。《教学勇气》的内容篇章虽少,但整体涵盖得较为全面,阐述了一种由内而外的鼓舞式教育思想。正因为论述全面,我很难完全从观点提炼的角度进行梳理,而是准备从以下几个方面对该书进行评析。

一、唤醒教师的心灵:强烈的自我认同感与追求自我完善的动力

帕克·帕尔默是一位作家、演说家和活动家,主要从事关于教育、共同体、领导、心灵、社会变革等问题的研究。他是"勇气与更新中心"的创始人和高级合伙人。该中心由帕尔默于1997年创立,当初创建的目的主要是焕发和维系教育工作者的勇气,现在则用于许多专业中的个人或团体,如行政人员、医务人员、非营利组织的领导成员等。"勇气与更新中心"致力于通过培养人们追求自我完善的勇气,来创建充满正义与爱心的和谐世界。今天,"勇气与更新中心"是通过拥有150名经过培训的促进团队,即"勇气合作"团队来运行的,帮助各行各业的人将"本心与本职重新建立联系"。可见,这种心灵的漫游在帕克·帕尔默先生的创办中再一次鲜活起来。该书的立论基础正如书中开篇提到的,同时也是该书10周年纪念版横空出世时印刻在封面上的那一句:"好的教学不能降低到技术层面,好的教学来自教师的自我认同与自我完善。"P42

这让我想到去年暑假有幸成了一名钢琴陪练老师,记得报道当天琴房老板对我说的第一句话就是:"面对这群小朋友,你怎么教、用何种方式教,学生不会明白,但现在的小孩子可聪明了,你犯几次错以及你稍微懦弱一点,学生就会回去告诉他们父母,这个老师教得不好。"或许对于孩子来说,他们定义

一名好老师的标准不是优秀的教学技巧，不是娓娓道来的教学大纲，而是这个老师身上有强烈的自我认同感及无时无刻不在散发的强大能量，这种由内而外散发出来的自信是可以感染学生的。我清晰地明白，在我听到的周围每一个故事中，好老师们都有一个共同的特性：在教学中折射出强烈的自我意识。这种自我意识是足够将自我、学科与学生融为一体的。很多时候，如果我们在教学中没有自我认同感，就很容易在执教过程中疏离自己的学科，继而疏远了自己的学生，这样一来，教的意义也就无从谈起了。所以我们必须在走上三尺讲台、成为老师前，为自己建立这样一种坚不可摧的自信心。可能我们暂时还没有掌握太多的教学技巧，可能对于课堂导入我们磨了一次又一次还是不满意，可能我们总抓不住课堂中随机生成的各种突发情况，但我们不能就此否定自己，认为自己不适合当老师或者不适合在教育领域生存，要知道并不是每个人生来就适合做手头的这份工作的。谈到这里，回归到哲学当中的几个问题：我是谁？我有怎样的优点和缺点？或许很多人会质疑，哲学与教学有什么关联吗？但其实人文社科（包含教育学）最后走向的终点都是哲学。运用到教学中也一样，正如帕克·帕尔默先生在书中提到的："谈到如何理顺学科和学生生活之间的关系，谁都有自身的局限，谁也都有自己的潜能。"[P46] 如何在生活中唤醒自己的优点，又如何反省与避免自身的缺点，是一门我们需要终身学习的必修课。倘若我们可以不在教学时感到焦虑，而是探讨如何当一名"教如其人"的教师，教师这个职业也变得棱角分明起来。

作者在书中提道："自我认同和自我完善不是用以凿刻虚构英雄的花岗岩石，而是在一个复杂而苛刻的自我发现的过程中需要随时体察的微妙部分。"[P48] 这里的自我认同指的是构成我们人生所有要素汇聚而成的神秘的自我。这些要素有：遗传气质和性格、成长的文化环境、生活中品尝过的酸甜苦辣等。每个人都是特别且独一无二的，真的不必将自己独特的才能削足适履般地去迎合强求一致的教学方法及标准。而自我完善指的是需要在构成前面自我认同要素中识别出哪些要素是构成自我不可或缺的，分辨出其中哪些适合自己，哪些不适合自己，从而日趋完整。完整并不意味着完美，因为完美确实是理想主义者的一套说辞，也是浪漫主义者的一席幻想。如果说自我认同是构成人生的各种要素的汇总,那自我完善则是这些要素的联合方式,它促使我们人生完整协调、生机勃勃,而不会分崩离析、死气沉沉。所以教师的心灵是可以被唤醒的,当教学基于浑然一体的自我时,不用费九牛二虎之力,自然而为的教学便产生了。

二、利用教师的天赋:展示而非掩饰自己的个性特点

"当我们更多更深地了解自我时,我们就能学到展现而非掩饰自己个性特点的各种教学技巧,由此可产生优质教学。"[P64] 作者帕克·帕尔默举例,在他的教学生涯早期,他拼命效仿他的导师一口气从头讲到尾的授课方式,后来他认识到,这种徒具形式的模仿远远赶不上其他老师别开生面的创意。再举个例子,比如说你擅长讲授法教学,但现在周围有不少人摒弃了这一类教学方法,所以你丢掉了最适合自己的教学方法,不断去跟风、追求、迎合其他人的教学方式。其实我们选择的教学方式应该符合自我本性,为什么帕克·帕尔默的导师上课有效果,到了他这儿就索然无味?因为他导师的教学方式和他本人的性格是一脉相承的。我认为,各种教学技巧各有各的作用,但教学技巧要发挥出恰到好处的作用则因人而异,只有当我们更多更深地了解自我时,才能学到展现而非掩饰自己个性特点的教学技巧,才能够理直气壮地利用自己的天赋从中产生最值得称道的教学方式。我们如何为人,也就如何教学。给教学画个圈,给自我画个圈,两个部分交叉重叠的地方就是你可以酌情选择的教学方式。

基于这样的一种认识,我们再也不必迫于唯专业论的风气,非得假托教学技巧来掩盖本就具有主观能动性的自我。太过于墨守成规的结果就是无法再推陈出新,改革教学。倘若每一位教师都能准确而又擅长了解自己,以自我为中心,以个性特点为半径画一个圈,让无数个这样的圈传承延续下去,那教学生命也就得以在时代的长河中永存。然而,在这样的一种延续中,我们需要的是挥手告别以往,寻求自己崭新的人生,将年轻时候从导师处得到的厚礼再回馈给现在的年轻人。正所谓"教育犹如人类自古有之的一种舞蹈,教师和学生历来就是这场舞蹈中不可或缺的共舞舞伴,教学的一大好处

就是它每天给师生提供重返舞池的机会。这是一种代代相传的两全其美的舞蹈：年长者给年少者以经验，年少者给年长者以活力，他们在一起翩跹起舞，共同塑造着休戚与共的人类社会"。[P65]教学相长的共处模式一直都是我们所追求的目标，或许在每一次与学生的相遇中，只有我们真正达到了这样的境界，前面所说的自我完善与自我认同才算拥有了最终归宿。

三、直面恐惧的文化：学会与教学焦虑和解

为什么会恐惧？该怎样做到心中不恐惧？想要搞清楚这两个问题，首先需要剖析恐惧。现代人的生活中其实处处布满了不安与焦虑，小到生活琐事，大到人生决定性的选择，等等。恐惧与焦虑的后果显而易见，我们正在被慢慢剥夺生活的权利，正一点点远离我们的学生、学科甚至是心灵。

教学中的琐碎事务确实很多。帕克·帕尔默在书中提到，他虽然有30多年的教学经历，但恐惧还是与他形影不离。"当我走进某间教室感到像是纵身跳入激流，我心生恐惧；当我提出某个问题，可学生却像岩石般沉默时，就好像我强求他们背叛朋友，我心生恐惧；当我觉得教学局面就要失控时，问了一个云山雾罩的问题、闹了一场莫名其妙的乱子、上了一堂因自己稀里糊涂而使学生稀里糊涂的课，我心生恐惧。只要是磕磕绊绊地上完课，我在好长的时间里仍会心有余悸，担心自己不仅是不好的教师，还是不好的人。"[P80]作为教师，特别是新手教师，时常会在上完一堂课后陷入自我怀疑：这堂课有没有效果？学生在这节课中是否有收获？我适不适合当老师？总之，课堂中层出不穷的突发状况都会让我们心存恐惧，教学中应接不暇的麻烦事总能使我们丢掉最开始的那份初衷。现在有个词挺流行，学会与焦虑和解。其实这确实可以广泛应用于不同的情况，例如容貌焦虑、工作焦虑、生活焦虑、家庭焦虑，以及我们本篇所谈的教学焦虑。面对恐惧最好的解决办法就是迎难而上，拥抱它或打败它。既然焦虑永远都存在，既然焦虑无法从这个世界上彻底消失，那我们就应该选择与其和解。和解并不意味着逃避，也不意味着冷眼相对，而是勇敢直面。

当然恐惧也可以是健康的。有些恐惧其实有助于我们生存，甚至有助于

我们学习和成长。例如在教学中,适度的恐惧其实有助于我们提高教学技能,这样的焦虑或许不是一种教学失败的征兆,而是一个让我们正视这个话题的信号。这也让我重新思考了看问题的角度确实应该多元化,每一个切入口都有它存在的价值,"要摆脱病态的恐惧,既不能靠技术手段,也不能靠结构改革,要靠洞悉这种恐惧是为何和如何主宰我们的生活的"[P85]。

四、拥抱整体的教学:把握教与学对立的张力

近些年,教学天平的两端总是失衡,倒不是对此嗤之以鼻,只是在今天将教师的教与学生的学区分得有些偏差。"为了纠正对教学技术的过分倚重,我强调要重视教师的自我认同和自我完善。"[P115] 作者在书中提到的追求自我认同和完善确实是在纠偏,为整体地看待教学、看待世界保驾护航。当我们分离地看世界时,我们就已经对生活失去了理性甚至是感性,本该赋予我们巨大的力量,现在却被分割成两个世界。同样在教与学中,"在一定的情况下,发现真理不是靠非此即彼地割裂世界,而是靠既此又彼地拥抱世界"[P117]。

在我的观念中,如果我们将教与学分离,其结果就是教师只说不听,而学生只听不说,这样的课堂只是学校的一间教室,乌压压一片,没有生机。教学确实需要我们拥有比日常更敏锐的觉察力,既不是简单地对教师教学进行评价,更不是学生自己的独角戏。书中提到,当我们在做一节课的教学设计时,应该用创造性的张力来创建我们的教学空间。如"这个空间应该既是界限分明的,又是门户开放的"[P133]。空间的界限分明指的是每一堂课中,教师抛出的那一系列教学主题,由学生从文本或资料中确定答案,当然这些文本的描述应是非常确切的,使学生不容易跑题。但要使一个空间成为教学空间,边界感太强未必对学生有益。所以在教学中,不仅要有界限,更要开放,兼容并包,向多可能、多元化、多条途径开放,向未知的好奇心开放,向"条条大路通罗马"开放。可能在这个过程中,与我们和学生预设的结果大相径庭,但在通往这条目的地的路上教师与学生正是以整体的身份相互拥抱,教学相长。另如"这个空间应该既鼓励个人发表意见,又欢迎听到团体的声音"[P135] 如果学生在教学空间里不能表露自己的思想、感情、困惑、成见时,学习就无从谈起,

更别提学生与老师间的思想碰撞了,所以教育教学的前提就是学生敢说会说,随后教育的机会才可能应运而生。当然在这样一个休戚与共的教学空间里,不仅有个人,还有团体,而尊重和倾听团体的声音正是为整体教学添砖加瓦的关键一步。再如"这个空间应该是既鼓励沉默,又欢迎发言"[P137]。教师在发出问题请求后,常常在面对沉默的班级、沉默的学生时束手无策,认为这注定是一堂失败的课。其实不然,恰恰教与学的整体就潜藏在这样的一种氛围里。

把握好教与学的张力是有利于学生进行深度学习的。我认为,就这个话题而言,还可以进行深度探讨,从重视教师上课的体验感入手,从善于倾听学生有趣的发言开始,好课如同一颗好的种子,它一定能够在教师和学生的共同滋润下生根发芽,茁壮成长。

五、渗透共同体于教学:以主体为中心的教育

什么是共同体?共同体无法在分离的人生中扎根。在本书的第四章,因为作者想要先入为主,引出共同体这个概念,所以有关于共同体的描述与涉猎较为抽象。书中提到的求真共同体即为如此。求真通俗来讲就是追求真理,而加上前缀则指应在实践中不断追求真理,但此处真理并非知识的绝对权威,也不是命题,更不是将其被动地传递给听众。在求真共同体中,求知、教学、学习看起来不像某个公司的生产流水线,更像市民大会,大家共同围绕一个主体,彼此之间不断建立交流与联系。而教学就是为教师和学生共同开创一个实践求真共同体的空间,他们在一起翩翩起舞,共同塑造着休戚与共的人类社会。传统的教学遵循的原则并不是共建共享,它强调以教师为中心,教师要做的就是将结论传递给学生。教师必须无所不知,学生必须全盘接受。在这样的课堂上,学生如果当场指出教师讲课中的矛盾之处,常常被视为教学的失败。后来又出现了另一种教学原则,即学生及其学习比教师教授更为重要,鼓励以学生为中心。两种教学原则各执一端,由此产生了两种教学模式,一种是关注缜密严谨、以教师为中心的模式,另一种是关注学生主动学习,以学生为中心的模式。"或许,课堂既不应该以教师为中心,也不该

以学生为中心,而应该以主体为中心。"[P191]当然,让学生参与求真共同体,并不需要将座椅摆成一个圆圈来形成集体讨论。因为主体事物可以存在于任何形式的教学手段中,只要从统一原则出发,共同体是可以千变万化的。

六、求知共同体于学习:同事之间的切磋与琢磨

上述探讨了在教学中,我们需要引入共同体这个概念,围绕主体展开教学。同样,教师与教师之间也可以用共同体这个概念架起比武的桥梁,正如"同事聚首研讨是我们成为优秀教师的必由之路之一,因为世上没有优质教学的统一公式,而专家的指导充其量是边际效用"。[P225]帕克·帕尔默在前面提到了想要在教学实践中获得成长,要不断丰富充盈自我的内心世界,唤醒教师的心灵。但如果只是一味地闭门造车,也有可能因狂妄自大或故步自封而迷失。我们需要一种同事共同体,通过相互切磋来指点迷津。

七、掀起教育的后浪:心怀勇气地奔向教学

在本书的最后,作者将论述的重点从教学实践层面转向了教育改革,希望在这一场振兴教育的变革运动中永远心怀希望地教学,让每一位教师都能勇敢地掀起这一场教育的后浪,坚定地奔向教学。虽然当下的现状中还有很多亟待解决的问题,教育与生活、教育与学生、教师与学科也有不同程度的割裂。但只要我们决定过不再分离的生活,就可以成全更优质的教学,带领一批批更优秀的学生走向未来,成为社会主义的接班人。

兜兜转转了一大圈,书中的内容快到末尾了,但我相信教育的变革才刚刚拉开序幕。现在,整个世界都成了我们的课堂,教与学的潜力将会随时迸发,我们只需要就此打开我们的心灵虔诚地去拥抱这个世界。什么是教学勇气?"教学勇气发端于自我和世间最真实的地方,是引导学生在自己的生活中去发现、去探索、去栖身于此的勇气。"[P283]这是一份初生牛犊不怕虎的勇气,是春蚕到死丝方尽的勇气,是巧妇愿为无米之炊的勇气,而恰恰也是这样的勇气,给了我们无数盏向前探路的明灯。当然书中还有很多作者的论述,随

处可见辩证的思想。这些论述，不仅把我们引入深处，让我们陷入沉思，而且随后又把我们带入另一个崭新的世界，让人顿有豁然开朗之感。在实践中，我们到底如何运用这些观点，则要根据实际情况区别对待。可见，善于阅读，抓住精髓，灵活应用，在很大程度上取决于读者的悟性。

行文至此，落笔皆序章。

热爱永不降温，勇气生生不息。这是我送给自己的一句话，也是我为这篇读后感做总结概括的一句话。我在踏入教育这个领域之前，是一名理科生，学习电池的正负极，要背化学元素周期表，数学的几何问题也曾绕得大脑发麻。当然，从理科跨专业选择了文科师范专业，很多人会说："那你的理科知识都白学了。"但我不这么认为，要知道人生没有白走的路。我很感谢高中选择了数理化，是它锻炼了我的思维逻辑能力，让我在做任何事之前都学会了提纲挈领。所以，任何你铆足了劲想要跃跃欲试的勇气，并不会让你在一张白纸上张牙舞爪，摸不着前行的方向，而是默默为你擦拭了无数遍地板，等着你踮起脚尖翩翩起舞。

我特别喜欢一句名言，刚好借此送给在看这本书的你们："世界上只有一种英雄主义，就是认清了生活真相后，依然热爱生活。"愿我们带着生活中的无数种勇气，当然不只是教学勇气，一直往前大步迈下去吧。山高路远，我们总能在更高处相见。

与伟大先贤柏拉图的对话

——读《理想国》 沈冰茹

摘要：伟大先贤柏拉图被誉为"西方的孔子"。在《理想国》一书中，柏拉图站在苏格拉底的理论基础之上，对希腊统治者、贵族的观点提出了猛烈抨击。他提及建设理想的城邦需要国家好好培养下一代。因此，柏拉图就教育内容、学前教育、终身教育、男女平等受教育、婚姻等问题展开了一系列的讨论。他在讨论中构建出一个理想的城邦。

关键词：苏格拉底；柏拉图；正义；城邦

怀特海曾说："整个西方哲学史都只是对柏拉图思想的一个一个的注脚。"

《理想国》[①]一书是我们人类历史上第一次全面系统地表达政治理想主义的书籍。该书有两种读法，外在型读法和内在型读法。外在型读法是从政治学的角度出发来阅读，但我们会认为柏拉图所论述的观点是带有家长主义的。因此，我们从内在型的读法，即从伦理学、教育学的角度品析该书。书中柏拉图通过苏格拉底与他人对话的形式，来阐明其观点。什么是正义？什么是理性？怎么获得理性？怎么教育儿童？怎么进行终身教育？男女为什么要平等受教育？洞穴里的人是怎么样的？理想国真的存在吗？该书将城邦和人进行类比，通过这两条重要线索阐述以上问题。《理想国》一书通过科学探寻真理，引发我们深思，后人站在巨人的肩膀上前进。作为常青藤大学图书馆借阅量排名第一的书籍——《理想国》，究竟有何魅力呢？

---

① 柏拉图著，黄颖译，中国华侨出版社 2012 年版。下文未注明文献来源的引用均出自该书。

今天,我们走进柏拉图和苏格拉底的世界来阅读《理想国》,这是一本对于研究西方哲学有很强启发性的著作,因此,我们需要带着谦逊、学习的态度阅读该书。

一、教育内容

首先,思考两个问题:人要怎样才能获得理性? 理性思考的意义又是什么呢? 柏拉图就此问题提出了"七艺"中的"后四艺",即算数、几何、天文、音乐。苏格拉底指出:"数数和计算是一个军人必不可少的本领。"[P201]因为数学可以自我推导,可以自圆其说,可以一直推论下去。因为数学是一种确定的知识,是将思维抽象化的一个过程,可以使人变得更加理性。我们常说:"冲动是魔鬼。"那么,人为什么要理性呢? 其实早在两千多年前,柏拉图就已经给出了这一问题的答案。在《理想国》的第七卷中,柏拉图提出了三大隐喻:日喻、线段喻、洞穴之喻,简单概括这三大隐喻,便是看到不代表真实,看不到不代表虚假。

第一个解释的便是"日喻",《理想国》讲道:"人的灵魂就好比眼睛。当它注视被真理所照耀的对象时,它就可以清楚地看清它们,了解它们,理智从而诞生。但是,真理照不到的事物,那些暗淡的事物在它眼前就模糊起来了,它对于它们只有变动不定的意见,仿佛失去了理智。"[P189]其实柏拉图想表达的是人所追求的最高境界便是至善,太阳让处在黑暗中的人看到世界,如果没有太阳,即使我们拥有双眼也看不见这个世界,我们之所以能够认识到世界是因为太阳的存在。正是光的普照,洞穴里的人才能因为光找到了出口,找到了真实,太阳是这个世界最高级的存在。

"线段喻"进一步形象而明晰地说明了两个世界及其关系:"用一条线来代表它们。将这一条线分成两个不相等的部分,一部分为可见世界,另一部分为可知世界。然后按同一比例将各个部分再行划分,一部分是比较清晰的,另一部分比较模糊。"我们能看到的世界就是可见世界,它非常大,可是它只是这个世界的一部分,另外一部分尽管我们看不到,很模糊,但它就是可知世界,它是理性的代表。

这三个比喻之中,"洞穴之喻"是对理性的最好解释,柏拉图认为人只有通过理性的训练才能远离自己固有的偏见,因而获得独立面对问题和解决问题的能力。在苏格拉底与格劳孔的对话中,苏格拉底将洞穴比作人类现在所处的世界,他指出:"假设有一个洞穴式的地下室,他有一条长长的通道通往外界,以便洞穴中能获得洞穴一样宽的光亮照进来。有一些被绑住了头颈和腿脚的人从很小就住在这洞穴里,不得动弹的他们只能盯着洞穴后壁。而在他们背后的远处,有一些东西在高处燃烧并发出火光……有一些人从墙后面走过去,把一些器物举过了矮墙,有的举的是用木柴、石料或者其他材料制作的假人和假兽。而这些路人他们中有的在说话,有的并没有说话。"[P193]生活在洞穴中的人以为这就是所有真实存在的世界,一切都是这么"栩栩如生"。当有一天,其中的一个人挣脱枷锁,转过头,走出洞穴,转身看到了一个火堆——这是他能看到的第一个实物,他的眼睛会感到非常痛苦,这种痛苦来源于得知真相的痛苦,来源于获得真理的痛苦,仿佛他的世界在那一瞬间崩塌了。柏拉图指出:"有人强行拉他走上一条陡峭崎岖的坡道,直到走出洞穴见到了外面的阳光,且不让他中途打退堂鼓。这么做只会让他恼,并因为强制而倍感痛苦,他来到阳光下,会顿时感觉眼冒金星,以至于任何一个被称作真实的事物他都看不清。"[P194]柏拉图用囚徒比喻那些愚昧、没有理性思考的人,而囚徒的手铐和脚镣则是普通人的局限性。在现实世界中,限制人发展的因素有很多种,有可能是先天心智发展水平使人受到局限,也有可能是后天受到的教育、成长的环境、接触到的信息使人受到局限。在黑暗洞穴里的人们普遍是无知、愚昧的,当他们走出洞穴来到外面世界,也就是苏格拉底所暗喻的真理世界,看到了阳光照耀的真实世界,他会无法接受这个事实,因为真理在愚昧的人眼里也许是刺眼的。这让我联想到了电影《楚门的世界》,男主人公楚门就好似洞里的囚徒,被圈禁在这么一个由导演打造出来的巨大影视棚中,就好似现代人塑造的无形"洞穴",楚门过着世外桃源般的日子,他不知道这样的日子都是导演精心安排的,楚门以为他所处的世界是真真实实存在的。我们作为站在"上帝视角"的电影观看者,很难不承认楚门这样的人生是可悲的,这并非我们想要的生活,我们一定会认为导演是自私自利的,他剥夺了楚门的一切，让他在这个愚昧的世界里做着一个无知、可笑的人。我们一定不愿意成为楚门这样一个被蒙蔽双眼的傀儡。好在电影的结尾总是令人欣慰的，楚门是一个热爱"真理"的人，他逃离了导演打造的"洞穴"。其实在现实生活中我们又何尝不是常在洞穴之中的人呢？我们常是缺乏独立思考的个体，不愿意追求真理，甘愿做"囚徒"，要知道整个世界的真相都藏在表面世界之后。我们用肉眼看到的世界不管多么栩栩如生都只是一个表象，而这些表象背后的运作机制以及这些机制内部的原理才是这个世界的真实面貌。所以真正意义上的理性，不是洞穴里面这些看似真实的倒影，而是转过身来直面事物的本质，通过不断了解自身的认识的局限，发现和理解这个世界的本来面貌。

但是当见过光的人再次回到洞穴中，也就是摆脱愚昧走向真理的人，他会有什么样的境遇呢？柏拉图写道："如果此时有人趁火打劫地要他和其他囚徒较量一下'评价影像'，他会因此遭到众人的嘲笑，大家一定会认为就因为他上去了一趟，回来就失去视觉了，甚至会说这一趟走得没有意义、没有价值。"[P195]因为囚徒对真理、对善是一无所知的，在认识光明的过程中一切都会是万分痛苦的，也许我们还会对给予我们光明的人无比排斥，因为他所带来的是我们的世界观、人生观、价值观的彻底颠覆。就如曾经大多数人都认同地球是太阳系的中心，甚至是宇宙的中心。但在公元前300年左右，哥白尼开始走上捍卫日心说的道路。哥白尼倒是幸运地逃过了教会的迫害，但是该理论的支持者难逃厄运，其中就有致力于推广日心说的布鲁诺。布鲁诺由于高调宣扬日心说逐渐成为教会的敌对目标，最终他以蛊惑青年的罪名被抓捕，并且当众被烧死在罗马的鲜花广场上。人们面对地球围绕着太阳转这个真理时是充满排斥的，甚至宁愿杀害一人去拥护自己错误的观点，也不愿接受真理。其实我们多数人就是生活在洞穴之中的"囚徒"，但我们需要承认自己的不足，承认自己会无知，因为人只有承认自己的无知才会探索，才会开启理智的大门。

二、早期教育

伟大先贤柏拉图对早期教育的重视程度不亚于我们现如今。柏拉图是西方教育史上提出学前教育思想的第一人，他的幼儿教育思想对后人具有启蒙作用。

在早期教育方面，柏拉图认为幼儿教育是教育中尤为重要的。苏格拉底指出："人类在幼年时期，人格和个性最容易受到教育的影响，想塑造成什么模样，就可以塑造成什么模样。"[P53] 人们在儿童时期性格没有定型，具有很强的可塑性。那么如何实施好的学前教育呢？

首先，成人要对儿童学习的知识进行干预，儿童要接受一些好的知识，成人需要对这些知识进行筛选。苏格拉底指出："在讲故事之前，要对编故事的人严格把关，只选择那些编审得好的故事进行教育，放弃那些编审得不怎么样的故事。另外，还要鼓励孩子的母亲和保姆们也只给孩子们讲经过筛选的好故事，尽可能用这些好故事塑造孩子们的身体、个性和人格。"[P53] 同时，在儿童学习的诗词方面，苏格拉底指出："诗句所用的词语当中那些可怕且凄惨的字眼也要被摒弃，如：'悲伤的科库托斯河'，以及'阴间''地狱''死人'……它们所带来的恐惧会让守卫者软弱无能，无法达到我们所需要的那种坚强。"[P62] 其中儿童最好的受教育方式是游戏法，游戏的学习方式是最能够了解到每个孩子的天性的，优质的幼儿教育可以培养出出色的儿童，久而久之一个城邦也将变得更理想。苏格拉底提出的游戏教学法在如今中小学甚至高等教育阶段都在使用，尤其是在小学各个阶段、各个学科都可以找到游戏教学法的身影。游戏教学法在小学课堂存在有其必然性，合理的游戏设计能提高小学生的学习兴趣，提高学习效果，增强学习的自信心。[①] 除了讲故事，苏格拉底认为悦耳的音乐也能不知不觉地熏陶儿童。苏格拉底说道："儿童从小接受良好的教育，好的节奏与和谐熏陶了他的心灵，从此在他心里牢牢地扎下了

---

① 王鑫玥：《游戏教学法在英语课堂中的应用》，《继续教育研究》2011年第12期，第177—178页。

根,他会变得彬彬有礼。要是接受的是不好的教育,结果就可想而知了。再者,接受过恰当教育的儿童,因为对于人工或者自然事物的缺点尤为敏感,所以他对优美的事物很是赞赏,感到被鼓舞,并从中汲取营养,将心灵塑造得美好善良。反之,他极其反感丑陋的事物,他会疾恶如仇地批判一切丑陋的事物,尽管他的年龄还不足以让他知其然且知其所以然。"[P78] 在儿童时期,适当的音乐教育可使儿童爱美爱善,质朴的音乐文艺教育也会带来欲望的克制,更能培养儿童的正义、正直和善良等美好品质。其实对于音乐在教育中发挥的作用,国内外有所相通,孔子同样重视音乐教育,孔子在承认音乐的社会功能的同时,也强调音乐的政治和教育作用,形成了"礼"和"乐"并重的地位。[①]除了音乐教育,体育教育也是柏拉图所重视的,苏格拉底指出:"音乐和体育作为两种技能,服务于人的爱智和体质部分。他们不仅仅是为了心灵和身体,当然不免也顺带服务了心灵和身体,可他们的最终目标还是要使爱智和体质这两部分协调发展……能以最佳比例搭配好音乐和体育教育,并能服务于心灵的人,给予他们最强大的称呼应当完美的音乐家……"[P88] 适当的体育训练可以培养儿童的勇气,这样的教育可以使得儿童既温和又勇敢,接受过教育的护卫者能够经历贫穷或者富贵的考验,能够经历人性软弱的测试,能够抵挡住外界的诱惑,能够真正成为保护城邦的护卫者。这样的教育会使得城邦朝着理想国发展。

三、终身教育

终身教育是《理想国》的又一个亮点。苏格拉底指出:"城邦中优秀的年轻人接受了适当的体操训练之后,再接受 5 年的辩证法训练,还会被迫要求回到洞穴里去,强制去负责指挥战争即一切适合青年人干的公务,保证他们的实际工作经验不逊于他人。此外,他们还要在公务中接受考验……这样的时间大约是 15 年,到了 50 岁上下,在实际工作和知识学习等多方面都经历考验

---

① 代晓琴:《对〈论语〉中孔子音乐思想的解读》,《语文建设》2012 年第 6 期,第 41—42 页。

且以优异成绩通过的人还有最后的考验……他们的大部分时间都用来研究哲学。到轮岗值班的时候,我们要求他们不辞劳苦地处理公务,他们必须以国家为己任,放弃那些私人荣光方面的想法,走上统治者的岗位……"P219 而这也是理想国中教育的最高目标,即哲学王的培养。终身教育思想在 20 世纪 60 年代开始在国际上流行,比较著名的代表是保罗・朗格朗的《终身教育引论》,终身教育给予教育全新的诠释,这样的主张才能慢慢改变传统观念中把受教育时期与工作时期割裂成两个不同的阶段,脱离了学校我们就不必再接受教育的思想,柏拉图早已在两千多年前就提出了该教育思想的重要性。

四、男女平等受教育

从电影《摔跤吧! 爸爸》《神秘巨星》到书籍《飘》《小妇人》,这些作品无一不是激发女性觉醒的佳作。[①] 争取女性权益,摆脱对女性的种种禁锢,站在女性立场思考问题,以女性视角出发,体会她们的所思所想已经是这个时代不可避免的话题。其实在《理想国》的第五卷,苏格拉底早已就此问题发表了观点,苏格拉底的男女平等受教育的主张在人类历史上开风气之先。书中掀起了三个大浪,且一浪高过一浪,苏格拉底掀起的第一个大浪,为男女平等受教育的提出。

追溯到柏拉图所处的时代,当时女子的地位十分低下,女子没有受教育与参与政治讨论的机会,女性生来的使命便是为男子洗衣做饭、生儿育女。苏格拉底就此指出:"在决定分配工作给男性或女性时,我们可以考察这一职业是更适合男性还是更适合女性,依据这一标准进行分配。如果我们发现两性之间的唯一差异只是生理差异……那我们不得不说男女之间确实存在我们所讲的那种职业区别,只是我们始终相信,护卫者和他们的妻子也应该可以从事同样的职业。"P130 苏格拉底首先承认男女天赋的相同,因此,男女可以承担同样的职务。接着,他又提出要赋予男女同样的受教育权利。他所设想

---

① 张海霞:《从〈摔跤吧! 爸爸〉和〈神秘巨星〉看女性觉醒》,《电影评介》2018 年第 13 期,第 61—63 页。

的培养军人和哲学家的教育体系，是向具有公民资格的男女、儿童和青年开放的。苏格拉底在总结斯巴达男女教育平等的实践经验的基础上，提出了男女教育应该平等的主张。他认为既然女子和男子在本性上并无区别，那么教育方面也应该做到男女平等。女性接受与男性同等的教育，有利于消除男女间由于教育不平等而造成的差距，为女性参与政治提供了有力依据。①该话题在当时所处的时代一定会引起轩然大波，想必女子也是不敢相信自己能与男子平等受教育，也能成为一个城邦的统治者。不得不说柏拉图、苏格拉底是伟大的，他们超越了当时社会思想的束缚，带着当时的人们迈向了更高的思想境界。当今世界，不少地方依然是男女不平等，女子不能自由进出家门，更不能平等地接受教育。在中国，女子受教育也是经历了长时间的斗争。1919年，五四运动爆发，越来越多的知识分子为女性解放摇旗呐喊，经过反复斗争，终于，于1920年，南京的一所大学决定破除"女禁"，开始招收女生入学。我国女性平等受教育的实现到如今也才过了102年，而《理想国》却是2000多年前的著作了。由此可见，苏格拉底的思想境界犹如星火一般，具有前瞻性。

但书中苏格拉底承认女子在某些方面要比男人弱一些，他指出："各种的天赋才能男女两性都具备，因此不论什么职务，男女都可以参加，但就总体而言，女性要弱于男性一些。"[P13]也许读到这儿会有许多人对此观点产生不满，但作为读者，我们应该带着包容的心去倾听圣贤的想法，也许将来我们的子孙看到如今我们所处的社会的一些想法时，也觉得不能理解，甚至会觉得可笑。苏格拉底包括我们任何人都会存在历史局限性，这是我们所处的社会赋予我们的。

五、良好的性格造就成功的人生

"思想决定行为，行为决定习惯，习惯决定性格，性格决定命运。"培根在《习惯论》中提到此话，他在诸多的要素中将性格置于决定性地位，由此可见

---

① 林木，康夏飞：《柏拉图〈理想国〉女性教育思想评析及反思》，《重庆教育学院学报》2011年第24卷第1期，第162—165页。

性格对人的重要性。其实在《理想国》一书中，伟大先贤柏拉图早已对性格的重要性为后人埋下伏笔。在开篇第一卷中，苏格拉底与克法洛斯的交谈就该问题进行过探讨。克法洛斯是一个家产万贯的老人，苏格拉底询问其之所以能享受天伦之乐是因为其雄厚的家产，而不是因为其心态平和。克法洛斯指出："塞里福斯人总以色弥斯托克勒①的雅典贵族身份否定他的名气。但色弥斯托克勒反驳塞里福斯人，如果色弥斯托克勒是塞里福斯人，或许难以成名。但假若塞里福斯人是雅典人，同样成不了名。"[P3] 因为决定成功的不是色弥斯托克勒的出生，而是他的良好性格。性格好的人不论贫穷还是富贵，都能过平静的生活，反之亦然，因为性格不好的人，他们的内心是无法满足的。[P3]

在日常生活中，我们也总是会遇到一些人，犹如《理想国》中的塞里福斯人，他否定他人的努力，将他人的成功归咎于其先天所拥有的优质资源以及优渥的家庭条件，但试想仅仅是优质的资源就能造就一个成功人士吗？以谷爱凌为例，起初我们都亲切地称她"滑雪天才少女"，就是"天才"这标签导致我们忽视了她的努力，忽视了这位 18 岁少女那坚韧、乐观、积极进取的性格。收集她的信息就能知道，她曾在 15 岁滑雪练习时摔出脑震荡，出现暂时性失忆；在 17 岁时，又在蹦床训练时从近 3 米的高处摔到侧边硬物上久久无法起身，但她不屈服于困难，依旧坚持滑雪。当她在赛前临时得知，教练因疫情无法参与集训时，她能快速调整心态，坦然接受，从容应对，这样的性格是有足够的金钱就能拥有的吗？不仅在体育方面，谷爱凌在其他各方面都非常出色，她的阳光、自信、健康、正能量为中国女孩树立了新的标杆，开辟了崭新的审美标准。倘若真的是丰厚的资产造就了她的一切，在这世上拥有丰厚资产、优质资源的人这么多，为什么却偏偏只成就了谷爱凌呢？那又是什么造就了谷爱凌如此优秀的性格呢？

通过观看纪录片，我们会被她所接受的家庭教育所动容，谷爱凌出现后就多了一个新的流行词——"别人家的父母"。爱凌妈妈从不要求，也从来没

---

① 色弥斯托克勒(约公元前 514—公元前 449 年)，雅典知名人士。希波战争初期在雅典推行改革，改革贵族会议成分。

有逼迫女儿一定要在哪个领域取得什么了不起的成就,爱凌妈妈给予更多的便是陪伴在她身边,为了支持爱凌滑雪,每到滑雪季都会开四个小时的车送女儿去滑雪,来回八小时的车程,无怨无悔。无论成功还是失败,她都给予女儿最大的帮助、支持与陪伴,这样的家庭教育给予她勇敢、安全感、乐观、自信、有趣的性格。我们都羡慕谷妈妈拥有这样出色的女儿,而作为教育专业的学生,我更羡慕她拥有这样的家庭教育,这也恰恰是现代中国中小学教育中亟待解决的问题。

家庭教育对孩童的成长有不可取代的作用,对孩子的性格塑造有着决定性作用。实验调查发现,青少年性格喜好与母亲性格有显著关系,青少年对母亲的性格喜好程度与家庭成员间的亲密感有显著正相关。青少年性格和青少年对母亲的性格喜好程度能直接预测家庭成员的亲密度,同时青少年和母亲的性格还通过青少年对母亲的性格喜好程度间接作用于家庭亲密度。[①]但缺失性陪伴普遍存在于我国乡村教育中,大批的留守儿童缺少父母的陪伴。由政府发布的《中国流动人口发展报告 2017》可知,大约有 95% 的留守儿童的祖父母与外祖父母为其监护人,且监护人的平均年龄为 58.2 岁,且超过70% 监护人的文化程度在小学及以下。同时留守儿童和父母之间的通话时间较短、通话频率较低。在这个过程中,传统的家庭教育功能逐渐弱化,父母的外出务工使得留守儿童成长过程中必需的亲子教育出现严重缺位,无法发挥应有的作用,这也是导致农村留守儿童教育问题的首要原因。[②]在湖南卫视播出的《变形记》中,我们看到了偏远地区物质基础、教学条件、生活条件都较为落后的留守儿童的现状。从马斯洛的需求层次理论看,当孩子的基本需求都满足不了时,是没有意识、能力去追求成长需求的。面对以上留守儿童存在的问题,学校和家长要格外注重为他们创造良好的成长环境,学校可以加强对留守儿童的心理健康教育,为留守儿童塑造更合适成长、学习的校园

---

① 万晶晶,方晓义,邓林园,等:《青少年期母子性格与家庭亲密度的关系:性格喜好的作用》,《心理学探新》2007 年第 2 期,第 63—68 页。

② 宗苏秋,汤淑红:《精准扶贫视野下农村留守儿童教育问题研究》,《教学与管理》2019 年第 8 期,第 28—30 页。

氛围。学校也需要组织相关专家、学校教师等对监护人进行培训指导，内容涉及学习、心理、生活、安全等各个方面，只有这样的成长环境才能稍改变现状，为学生打造良好的习惯、性格，学生的缺失性需要得到满足后，才会不断成长，达到自我实现的理想境界，才能造就成功的人生。

六、正义并非灌输拥有，而是教育的唤醒

苏格拉底就什么是正义为话题与年轻人格劳孔展开了讨论。正义是"将他人的东西归还给他"吗？正义是"将善给予朋友，把恶给予敌人"吗？格劳孔将正义的逻辑推到了极端，指出："朴素正直的正义者在为正义牺牲时，会受到种种非难和折磨，严刑拷打，戴着镣铐，烧瞎眼睛，等等，最后他还可能被钉在十字架上。直到死前那一刻，也许他才明白应该做个伪正义者而不是真正的正义者……非正义者无论公事私事都能轻松获胜，扬长而去，随之财富不断增加……于是人们会就说，苏格拉底呀！神也罢，普通人也罢，他们都会让非正义者的生活过得比正义者好许多啊！"[P37]格劳孔想知道：正义的人真的会感到幸福吗？正义的人一定都会有好的结果吗？人为什么要做一个正义的人，是因为正义会带来利益吗？苏格拉底就格劳孔的观点，首先论证了城邦的正义，当了解了城邦的正义后才能由大及小了解个人的正义，苏格拉底将城邦比作人，如若一个城邦是正义的，那么城邦里的人也会是正义的。苏格拉底指出："那我们的城邦里，哪里有正义，哪里有不正义呢？哪些人把正义带进了城邦里，哪些人把非正义带进来了呢？"[P47]苏格拉底简单举例，当一个城邦建立后，每个个体如裁缝、鞋匠、农夫等都需要各司其职，各尽其责。保护城邦需要守卫者，守卫者怎么才能将对敌人的刚烈与对同城邦人的温和相结合呢？苏格拉底以"狗"类比指出："狗一见到陌生人就会狂吠，即便这个人并不曾动手打它；而碰到熟人，它不论此人是否对它表示出好意，都会摇尾相迎。"[P51]狗对主人很真诚而对敌人表现得非常凶猛，这是怎样形成的呢？苏格拉底答道："狗分辨敌友的标准取决于它是否认识，不认识的为敌，认识的则为友。动物能凭认识与否来辨别敌友，你还能说它不爱学习吗？"[P52]由此我们得知了教育可以造成该现象。从初建成的城邦的角度看，苏格拉底提出：

我们需要保护城邦的护卫者,那如何培养护卫者?护卫者是从儿童不断培养而来的,良好的幼儿教育可以培养一批又一批优秀的青年,这便是最好的办法,也就是第二点提及的早期教育思想,不得不说苏格拉底的思想是超越那个时代的,即便过去两千多年,在追求素质教育的今天,我们依旧在朝着儿童德智体美劳全面发展的目标迈进,体育是每个学生的机体保证,美育是具体运用与实施。那么回归问题,是谁为城邦带来了正义?苏格拉底认为,没有人为城邦带来正义,真正的正义蕴含在我们内心深处。柏拉图提出了重要的观点:"学习及回忆。"他认为,人在出生以前,灵魂原已有了理念的知识,只是在灵魂和肉体结合出生之时忘记了。出生以后通过一些具体事物的认识,并加以启发,人们便回忆起和这些具体事物相类似的知识。正如看到一个人的肖像或他的用物时回忆起这个人一样,人通过美的花、美的人等具体的美的事物,回忆起绝对的完全的美的理念。城邦如同个人,我们需要通过教育来唤醒内心的正义,内心的善良与勇敢。柏拉图认为,正义除了个人正义之外,还存在着城邦正义,或者说还存在着国家制度的正义。这对后来人们考虑国家正义、法律正义产生了重大影响。柏拉图的正义提醒我们,重要的不仅是计算我们从社会获得了什么,而且还要计算我们为社会的顺利和成功提供了什么。

总之,在《理想国》中柏拉图表示理想国并不存在于现实社会中,因为城邦当中的生产者、卫士以及统治者会因为各自的私心而产生嫉妒,这三个阶层会不断地被打乱,大家会为了各自的利益打成一片,理想国势必会崩塌,因此理想国或许只会存在于我们的语言当中。可是,理想国不存在难道我们就不去追寻吗?在那个洞穴背后的非常完美的世界我们就不追求了吗?对于真理我们视而不见,甘愿做洞穴中的囚徒吗?那么接受教育的意义又何在呢?从小深埋的考大学的梦想只是为了摆脱父母,而不是因为对知识有渴望吗?其实,理想国不是谈论国家应该怎么样,不是在讲一个政治体制应该怎么样,文中的国家只是一个类比,将国家类比为人,我们人不能够做到尽善尽美,但是那些精神境界上的东西难道我们就不去追求了吗?当然要追求!因为只有理性的世界才是真实的世界,只有怀抱这种思想,我们才能最终走出洞穴。

真诚育人 自由言说

——读《教育的理想与信念》 夏安妮

摘要：在肖川老师《教育的理想与信念》一书中，洋溢着浓浓的真情，字里行间都蕴含着一个个独立的个体——自我的儿童、自我的教育者、自我的反思者。"教育学的尊严""什么是良好的教育""军营·监狱·医院与学校""负担过重何以会导致肤浅""新世纪的教育：有尊严的多样化""教育探索：从自我反思开始""学习方式就是人的存在方式""反思道德教育""创造适合学生的教育"……每一篇都带着肖川老师深刻的叩问。《小学青年教师》主编蔡东彩说那是肖川"对于教育、人生与社会独到而细腻的洞察与体认"。这本书中的内容是那么真诚、恳切，散发着自由、深刻的思想，着重在对自由心灵的追寻。教育感悟不需要多么时髦，迎合现下的流行，只需要为教育发热、敏感的心，对那些我们已经忽视或是习惯性忽视的事物进行审视，对熟视无睹的教育现象反复咀嚼，为教育、为育人、为心灵点燃一盏微灯。

关键词：生命教育；教育情怀；教育学；儿童；校园文化

《教育的理想与信念》是一本教育随笔，教育随笔从字面上看就是随手记录关于教育的一些感悟或经验。[①] 在作者看来，教育随笔的真味就在于"随"字，可以拓展为三个词语：随和、随意、随缘。这本书没有花大量笔墨去描述具体的某件事，它更像是作者作为读者的朋友与读者闲谈，不求全面，不求客观，不求严谨，只求尽兴表达自己的想法，是一些有感而发、不吐不快的大实话。没有居高临下的姿态，没有艰深难懂的词语，就是长者对于后进

---

① 肖川著，岳麓书社 2002 年版。下文未注明文献来源的引用均出自该书。

学习者的讲述,读来无比亲切。

这本书与其他的教育随笔类似,独特之处就在于对司空见惯、习以为常的教育现象以小见大,抒发感想。用一句话来形容这本书就是力图用感性的文字表达理性的思考,用诗意的语言去描绘多彩的教育世界。

诚如书名,书中的文字多流露出作者的理想和信念,对教育行业的热爱,以及作为教育人的情怀。整本书在论说教育,开篇却从读书说起,教师要读书,而且要常读经典,与经典为友。经典之作经过大浪淘沙,往往比眼下的一些时髦之物更接近真实。肖川老师分别谈到了教育的意蕴,教育给了我们什么,审视教育的目标、教育的灵魂、教师的学习和成长、完美的教学、教育的期待等。对于每个教育概念,肖川老师以自己特有的感悟和理解做了理想的解读,为一线教育工作者的内心点燃了一盏明灯,让一线教育工作者对自身的教育信念与力量进行反思。

一、成就大写之"人"的教育学

肖川老师以"人"贯穿本书,而关注人的自由全面发展的教育学,就应该倡扬一种社会的理想、人生的理想、教育的理想,应该始终飘扬着一面大写的"人"的旗帜。[P11]"教育的根本要旨是促进人的发展,这是古今中外公认的通理。教育本姓'人'。为此,'以人为本'对于教育来说是不言自明的。"[①]人是平等且独立的,无论大学生、中学生还是小学生,都不是被动接受知识的容器,他们都是有独立思想精神的个体。正如叶澜在"创新时代的哲学社会科学"笔谈一文中说过的,教育是直面人、通过人和为了人的一种独特的社会事业,人既是教育的直接对象,又是教育过程的重要构成,还是教育成效的终极体现。[②] 教育的可贵之处就在于能够唤起人性中对美好的向往,从而激励人往更好的自我发展,教育要真正站在人的立场,以人的发展作为评价教育问

---

① 鲁洁:《教育的原点:育人》,《华东师范大学学报》(教育科学版)2008 年第 4 期,第 15—22 页。

② 叶澜:《教育创新呼唤"具体个人"意识》,《中国社会科学》2003 年第 1 期,第 91—93 页。

题或成效的基石。

众所周知,人是构成社会的基本要素,一切社会存在的合理性根据就在于:它为人的活动的开展提供最为基本的场域。教育是人的教育,人是教育的出发点,教育活动应该正视并重视人性、人的需要、人的生命,以人的生成和完善为目的。教育的中心在人,教育理论的中心在育人。① 人是教育得以存在的前提。但是当下,在一些地方,教师将教学的目标放在脱离人以外的课本知识上,如何习得大量的知识、技能、方法成了课堂教学的头等大事。而作为教学对象的人,人的精神世界是否得到丰富、人的价值是否得到体现、心灵是否得到陶冶却成了其次。

传统教育学最大的问题就在于没有把教育学作为人学来理解,教育学是人学意味着教育学是以人学为基础的,教育学与人学是两门共通、互融的学科,但教育学作为人学,又具有不同于一般人学的特殊性,它是立足于教育的而非别的什么视角来省察人生、感悟人生的。教育是通过培养的人来标示自己的存在的,而本身并不具备自为的存在状态,也就是说,教育的价值和意义要靠人来"填充"。② 肖川先生抓住了教育中最根本的问题,也就是人的问题,他谈道:"在我们的社会中,我们特别需要培养一种讲理的性格,一种服膺真理的,以理服人的性格,一种民主的性格。所谓民主的性格就是乐于分享、善于沟通、服膺真理、勇于承担的性格。"P4 教育不仅要符合个体的美好发展,让受过教育的人能够呈现出丰满的人性,而且要凸显大写的"人"、真实的"人"。教育所要憧憬的未来是为人,提高人的生命质量,帮助人的生命得到更完全的认识和更完整的发展。

从人本位和教育的最终目的出发,教育的过程实质上是不断提高个体生命质量的过程。③ 学生是个体,是具有鲜明个性的生命,具有自我成长、自我完善、自我发展的意识,并在生命体验过程中产生主观需要。关注人的教育不只要进行知识、技能、方法训练,还要关注他们人性的成长。尊重每一个学

---

① 王啸:《教育人学——当代教育学的人学路向》,江苏教育出版社2003年版。
② 王啸:《教育人学——当代教育学的人学路向》,江苏教育出版社2003年版。
③ 许世平:《生命教育及层次分析》,《中国教育学刊》2002年第4期,第5—8页。

生的生命独特性。儿童看待世界的眼光与成人相异。卢梭在《爱弥儿》中谈道："儿童是有他特有的看法、想法和感情的;如果想用我们的看法、想法和感情去代替他们的看法、想法和感情,那简直是最愚蠢的事情;我宁愿让一个孩子长到 10 岁的时候长得身高五尺而不愿他有什么判断的能力。"① 教育应当呵护学生那些成人世界中已经远去的奇思妙想,拓宽生命成长的空间,让学生快乐又自觉地去认识世界、认识自身、追求自我、提升自我。理解儿童成长是个缓慢的过程,正如怀特海所说,"每一个'存在'都是生成的一种潜能"。② 教育要带给孩子的除了知识层面的认知,还有对精神层面的向往以及对生命的体验。

二、儿童并非"小大人"

"不知道'少年老成'与'未老先衰'是否有某种必然联系,但有一点可以肯定:性格的早熟,必然无益于个性的尊重和人格的强健,正如生长期短的水稻,其米质必定不一样。"P47 这是肖川老师在书中谈到对儿童过早成熟的看法,儿童并不是"小大人",儿童就是"儿童"。儿童正处于一个未成熟的成长阶段,但这不代表儿童的未成熟阶段对个人发展是没有意义的,这个阶段决定着儿童的生长和发展,是在教育中需要特别关注的。正如贾德在《纸牌的秘密》当中那智慧的提醒,"我们甚至不会注意到,我们家中那张新买的婴儿床上,有一件神奇的事正在发生。就在那儿——婴儿床的栏杆后面——世界正被创造"。③

在儿童的世界当中,他们用自己的整体去感知外界,在他们眼中石头是能感觉到疼痛的,花草是能够交流的,风是有意识的……儿童的世界是浪漫的。儿童那些看似无用的遐想、天真烂漫的言语或是在成人眼中并不需要的游戏,是其感知和发展的主要来源,并不是成人眼中的捣蛋和无意义。卢梭

---

① 卢梭:《爱弥儿——论教育(上卷)》,李平沤译,人民教育出版社 2001 年版。

② 鲁洁:《教育的原点:育人》,《华东师范大学学报》(教育科学版)2008 年第 4 期,第 15—22 页。

③ 贾德:《纸牌的秘密》,李永平译,昆仑出版社 1997 年版。

在《爱弥儿》中说过，成人不应该对孩子横加干涉，应给孩子足够的自由与空间。诚如卢梭所言，大自然希望儿童在成人以前就要像儿童的样子。如果我们打乱了这个次序，就会造成一些早熟的果实，它们长得既不丰满也不甜美，而且很快就会腐烂。儿童的精神世界多彩而又独特，儿童的世界有"一百种语言"。孩子是由许多"一百种"组成的：孩子有一百种语言，一百只手，一百个想法，一百种思考、游戏、说话的方式，一百种聆听、惊奇和爱的方式，一百种歌唱与理解的喜悦，一百种世界等着孩子们去发掘，一百种世界等着孩子们去创造，一百种世界等着孩子们去梦想。曹文轩也曾热切地赞颂儿童所看到的世界："儿童的独特目光能看出成人已经看不出的东西，因为成人早已失去了这种目光。这种目光是美丽而珍贵的。他是造物主对人还处在童年时代的恩赐。这样的目光是感人的，因为它呈现给我们的是那样一个世界，没有卑下，没有恶气，没有丝毫的怀疑。有的只是纯真、美好与善良。"①

对儿童的天性保持敬畏，在教育中充分肯定儿童的天性，顺应儿童的自然而教育，提供与他们天性相适宜的教学环境，让他们从这个环境中去吸收在社会中生存、个人成长所需要的知识经验以及认知能力。成人的未来有赖于今日之儿童。② 儿童期的价值对于一个人来说是不言而喻的，儿童有权利享受快乐的童年，让他们在游戏中学习、在自然中学习、在生活中学习，不要把儿童学习的场所与可能仅仅限定于一间教室当中，也不要过早期待儿童进入精确化的成人世界。一草一木的成长都需要雨水的灌溉、土地的养分和四季的变迁，更何况是一个有着无限可能的儿童，要给他们更多的时间和空间。正如肖川老师在书中所说：较之于"少年得志"，我更欣赏"大器晚成"，因为"少年得志"者大多有那么一点轻薄，一点人格上的苍白；而大器晚成者，那种历尽沧桑的凝重和深厚，那种厚积薄发的从容与放达，更有一种摄人心魄、令人景仰的个性魅力和人格魅力。P52

---

① 汪树林：《让教育保持一份儿童视角——建构"儿童教育观"的诗与思》，《江苏教育研究》2007 年第 6 期，第 24 页。

② 叶澜：《深化儿童发展与学校改革的关系研究》，《中国教育学刊》2018 年第 5 期，第 3 页。

三、教师当有仁爱之心

仁爱之心是教师应当具备的基本素质之一,任何教育中都应当包含爱。弗洛姆在《爱的艺术》一书中说道:"如果我们真正爱一个人,我们就会爱所有人,爱这个世界,爱生活。如果我们能对另一个人说'我爱你',我们就一定能够说,'我因为爱你而爱每个人,我通过你而爱这个世界,我由于你而爱我自己'。"教师要爱学生,首先学会自爱,教师只有学会了解自己、接纳自己、尊重自己,才能去尊重、体谅和爱学生。教师爱自己作为教师的这个身份,为人师表,真诚育人。仁爱是爱人,教师从事的是"育人"的工作,更需要爱人的情怀。仁爱是爱物,是对周围事物以及环境的包围,教师有仁爱的气度,在教育道路上才能越走越远。

很多时候教师并非没有爱,但完整的爱、健康的爱,理当包括这样五个要素:了解、尊重、关怀、给予、责任。这五者是一个整体。倘若缺了了解,爱就是盲目的;倘若缺乏足够的尊重,爱就会变成支配与控制;倘若缺乏关怀与给予,爱就是空洞与苍白的;倘若缺乏责任,爱就是轻薄的。这在任何人与人的关系中,都是如此。[P44] 而教师的仁爱是尊重、理解、关怀和宽容。学生们尊重教师这个职业,那么教师也要尊重学生这个主体,在我国优秀的传统文化中就提出了教师要培养"学而不厌,诲人不倦""有教无类"等美好品质。教师的尊重在于将学生看成独立完整的人,尊重他们的人格和内心世界。理解就是推己及人,教师的爱要建立在理解的基础上。学生既是教学活动的参与者又是教学活动成效的呈现者,教育是双向动态的活动,教师何时、如何调节教学活动都是根据学生对教学活动的反馈而来的。而教师务必要了解学生个人的性格、兴趣爱好甚至是家庭环境,理解他们的内在需要,引导其成长。教师关怀学生意味着与学生进行身心的对话。关怀是相互的,人的生命成长正是从"他者意识"的形成开始的。"他者意识"视每一个个体为彼此内在联系的人,每个人都是由"自己"与"他者"的关系所构成的"关系性存在"。一方面,"关系性存在"以个体生命为前提,赋予生命以价值与意义;另一方面,"关系性存在"又是诸多个体生命的集聚,内在地统整了"自我"与"他我"、"小我"与

"大我"。教育关怀的本质是生命关怀,教育关怀的重要性在于关系。[①] 作为教育者的教师必须也是关怀者,关怀学生。学生难免会犯错,需要老师以宽容、和平的心态来处理,宽容是老师必备的心态和素养。老师对学生的包容体现在对学生自由表达的宽容、对学生独特个性的宽容、对学生犯错叛逆的宽容、对学生仍处于持续发展状态的宽容,相信学生有更多的可能。[P44]

四、让校园文化更适宜学生发展

要使学校变得有吸引力,成为人们舒展心灵、放飞想象的处所,就必须努力营造宽松、干净整洁与清新的校园文化氛围,禁绝强制的纪律和严苛的规训,因为人的发展需要足够自主的空间,而宽容、宽松、宽厚的氛围更利于个性自由全面地发展;也因为每个人本身就是独特的存在,而不是"半成品",更不是"残次品"。人人都期望被欣赏,而不愿意被雕塑、被拿捏、被打压。[P55]现在的校园文化最浓厚的是功利色彩,升学率成了第一追求。功利化的校园文化最核心的问题就在于,它是一种以考试为本,而不是以高级素养为本的校园文化,其阻碍了学生与社会的交流。但我们的学校是为了社会培养人,学生出了学校就要进入社会,学校也当为学生进入社会做准备。学校不应当成为禁锢学生思想、能力发展的场所,应当适当开放学校与社会的边界,增加学生的实践锻炼以及与社会人士的接触交流,使他们学会处理自我与社会的关系。

学校的制度是校园文化的核心内容,学校制度本该是学生度过快乐校园时光的辅助,但现在的学校制度把重心都放在了管理层面。学校制度的制定在一定程度上脱离了制度要运用的主体——学生。学校把握不住校园管理的"度",反而会激起学生的逆反心理,打击学生的积极性。有时候并不是学生不服从管理,而是管理的制度出现了问题。

改善校园文化环境,重视校园环境对学生核心素养发展的促进作用,向

---

① 汪树林:《追寻生命福祉的教育关怀——兼论教育的责任伦理》,http://www.docin.com/p-1137931191.html.

育人目标转变。不应一味盯着分数的提升,要重视学校对学生各方面能力的培养。保持民主性与管理性并重,适当倾听学生们的意见,让他们对校园文化的建设有参与感,促进他们自觉遵守学校制度,让他们有"主人翁"的意识。精神层面上,学校要引进高雅文化,抓好校风、教风、学风。校风、教风和学风是一所学校的灵魂,是极具感染力的教育因素,深刻而持久地影响着学生的思想成长和行为养成。因此,学校要抓好校风、教风和学风建设,发挥它们的熏陶与激励作用。同时要开展多样化的人文活动,如开展人文专题讲座、鼓励学生诵读中外文学名著、积极参加感兴趣的社团活动等。[1] 我们的校园文化不必对游戏、娱乐避之如虎。艺术理论家豪泽尔说:"娱乐、放松、无目的的玩耍是生活中不可或缺的一部分,从心理学角度来说,它们是焕发光彩和保持旺盛的精力,刺激和加强活动能力所必需的。"[2]让学生在学习中有放松的空间和时间,可以调节其学习心态,使其保持积极乐观向上的人生态度。所以,我们的娱乐活动也并不是表面性的玩乐,应当蕴含引导人成长的价值观和情感态度。

五、追问教育的理想

什么是理想的教育? 在肖川的心目中,理想的教育是一种良好的教育:"如果一个人从来没有感受到人性光辉的沐浴,从来没有走进过一个丰富而美好的精神世界,如果从来没有读到过一本令他(她)激动不已、百读不厌的读物,从来没有苦苦地思索过某一个问题,如果从来没有一个令他(她)乐此不疲、废寝忘食的活动领域,从来没有过一次刻骨铭心的经历和体验,如果从来没有对自然界的多样与和谐产生过深深的敬畏,从来没有对人类创造的灿烂文化发出过由衷的赞叹……那么,他(她)就没有受到过真正的教育。"按照肖川的理解,教育就是这种有方向和目标的活动,这种活动使受教育者成为

---

[1] 脱中菲,周晶:《开放式学校空间环境设计与利用》,《中国教育学刊》2011 年第 8 期,第 21—23 页。

[2] 阿诺德·豪泽尔:《艺术社会学》,居延安译,学林出版社 1987 年版。

有自由意志和人格尊严的、具体的、现实的个体。唯有这种良好的教育才能够给无助的心灵带来希望,给稚嫩的双手带来强健,给弯曲的脊梁带来挺拔,给卑琐的人们带来自信。[P33]

什么是理想的教师？理想的老师要学会等待、学会分享、学会宽容、学会合作、学会选择、学会创新。学会等待,以发展的眼光对待学生,以从容的心态对待工作。对学生永远都说"你能行",给予学生的是诚恳的理解、充分的信任、无间的亲密。学会分享,做倾心的听者,走进孩子的内心,蹲下身子平视他们,分享孩子的喜悦,分担孩子的苦恼,用真诚的语言赞美,用美丽的心情对待。学会宽容,用开阔的胸襟、恢宏的气度对待孩子,灵活自己的头脑,活泼自己的思想,扩宽自己的眼界,尊重多样化,珍视个性化,习惯"一个世界,多种声音"。学会合作,对于不同能够理解,对于差异能够尊重,对于另类能够接纳。学会选择,让教育走向个性化,选择合适的教育内容,选择恰当的教育时机,选择最优的教育途径和方法。学会创新,从新的角度解释司空见惯的事物,以新的视角审读理所当然的事物。积极进取,主动探究,将教育的智慧变成信念和教养,落实在日常的、细微的教育行为中。

什么是理想的教学活动？肖川认为,理想的教学是一种完美的教学,而完美的教学有两个不可缺少的要件,一是深刻,二是真诚。所谓"深刻",就是教师能够给予学生匠心独运、别有洞天之感,能够唤起学生的惊异感和想象力,能够使学生茅塞顿开、豁然开朗。所谓"真诚",就是师生之间坦诚率直,一言一行都发自内心。在深刻而真诚的教学活动中,师生彼此分享思考的快乐,顿悟的惊喜,激情的燃烧,真情的涌动,灵性的焕发,情感的融合,心灵的碰撞。在深刻而真诚的教学活动中,能力得以提高,想象得以放飞,潜能得以发掘,体验得以深化！

六、教育需要思想与反思

教育需要思想。作者在开篇就提出了用思想提升教育品质的观点。所谓思想就是我们对事实的描述、解释和语言。那么落实到教育上,之所以要用思想来提升教育的品质,是因为从教育本身来看,教育是有着丰富价值内涵和精神意趣的活动，并且有着明确的目标追求。教育作为一种关注人精神世界的活动，教师通过课堂、自身言行、日常班级管理、集体活动等与孩子们的思想进行碰撞，来影响学生的行为，陶冶他们的心灵。虽然从某个具体的价值尺度来说，思想有正确和错误之分，也有肤浅和深刻的区别，学生有时候在课堂上的回答或许不是标准答案，也不在老师的课堂预设之中。这时候，我们要给学生一个自由表达和互相交流的空间，就像我们观摩一些教学视频的时候，老师都会鼓励学生去发言，我们也主张把课堂还给学生。作者也在书中从两方面简要谈了如何通过思想提升教育品质，一是与经典为友，二是锤炼语言。与经典为友，虽然我们的社会在变化，教育也在发展，但总有一些亘古不变的东西。比如，现在社会对教师的要求是越来越高了，但是孔子提出的"学而不厌，诲人不倦"的思想，怕是什么时候都不会过时。如果作为老师，教育当中没有爱和真诚，任何的教学模式、方法都很难真的奏效，不管它是多么新的教育理念。教师去传承这些古老的智慧，理解起来并不难，难的是如何将其转化为信念和行为。为什么说要锤炼语言？因为锤炼语言其实就是锤炼思想，语言是我们交流思想的工具。作为教师，语言是进行课堂教学的重要工具之一。苏霍姆林斯基指出："教师的语言素养在极大程度上决定着学生在课堂上的脑力劳动的效率。"教育的艺术首先就包括说话的艺术、同人交流的艺术，在实际教学中，不同的教师讲授相同的内容，有些几句话学生就心领神会，有些绕来绕去学生都不得要领。教师通过语言来描述学生未知的经验世界、建构知识，再通过语言与学生相互交谈达成共识，可见对于教师来说锤炼语言，对于教育质量和品质的重要性。

教育需要反思。首先来看一句形容教育的话：把所学的东西忘了，剩下的就是教育。那么剩下的是什么？是我们的性格、处事方式，行为习惯中的那些东西。比如我们是主动还是被动，独立还是依赖，快乐还是犹豫，开朗还是内敛，这些东西都是生活和教育赋予我们的，我们在以往的生活中不知不觉成为现在这个样子。教育需要适当地看待。提到适当地看待，我们的社会存在着一种"超强社会化"的现象。什么叫超强社会化？用弗洛伊德的"人格三元结构理论"来解释，就是过于强大的"超我"对于"本我"的过度压抑,使得"自我"变得怯懦。在生活中,我们会看到有一类小孩,他们过早地学会了察言观色,在他们的身上已经感受不到童言无忌的活泼与坦率,早早地变成了一个小大人。这样导致的消极后果有二:一是压抑了孩子的独特性和创造性,进而泯灭了他们的个性,让他们变得盲目从众,缺乏创新开拓的意识和能力。我们可以设想一下,当一个孩子面对一个问题,他最先考虑的不是自己内心真实的想法,而是按照成人世界的标准来判别,不会用自己语言去表达的孩子,很难去开辟和创新。二是造成人格的分裂,超强社会化使得孩子们具有过强的社会适应能力,但其是以掩饰真实的自我为条件和代价的。

孩子们为什么会出现超强社会化呢?原因之一就是孩子们渴望得到父母或者是老师的表扬,而对于那些听话的孩子,大人们也不吝啬自己的表扬。而那些受到过多表扬的孩子,他们会形成一种表扬依赖症,会渐渐在表扬中失去自主的意识和能力,被表扬牵着鼻子走。这大概就是我们说的"捧杀",如果一个孩子在成长过程中受到的关注远远超过了他周围的其他孩子,不仅容易导致自我中心、自我膨胀的心理,也不利于培养孩子的自由意志和独立人格,他会对这种表扬、关注上瘾,无形之中就被这种表扬控制了。孩子们顽劣不堪、桀骜不驯固然是不可取的,但是如果我们的教育培养出来的都是超强社会化模式的孩子,那我们的教育是一定需要反思的。在每个人的成长过程中,对于合理的社会规范、习俗、纪律的遵守和认同都是十分有必要的,学校也是教导孩子们社会化的重要场所。但是任何事物都是需要有一个度的,如何让我们的孩子既有良好的教养、纯正的内心、文明的举止,又能保留他们个体生命的灵动和丰富的天性,这是值得教育工作者们认真反思和探索的。

总之,在《教育的理想与信念》这本书中,作者发出了最真诚的呼吁,希望所有的教育者能够从死板、定式的教育体制中走出来,保持对教育的勇气和热爱,敢于发声,呵护孩子们的心灵,去育人,去自由言说。

教师成长的三堂课

——读《德国教师培养指南》 潘梦莹

摘要：教师的成长必须要上好三堂课：一是教师与自我的课，教师首先要进行自我教育；二是教师与学生的课，教师要掌握适合学生天资特点的教学规律和规则；三是教师与社会的课，教师要妥善处理好与社会上各方面之间的关系。其中，教师上好第一门课，即学会如何自我教育，是最重要的，也是最基础的，是上好其他两门课的前提。第斯多惠被称为"德国教师的教师"，在书中他对教师如何上好这三堂课做了详尽的阐释。第斯多惠所提出的教师培养观对我国的教师培养有很大的启示：教师要树立终身学习的理念，不断地更新自己的知识结构及教育理念，才不会被时代所抛弃；确立以学生为本的学生观。了解学生的天资特点，因材施教，促进学生个性发展；发挥学生的创造性，一个优秀的教师不仅要教给学生知识，更要教给学生学习的能力和方法。

关键词：自我教育；第斯多惠；《德国教师培养指南》

《德国教师培养指南》[1]是第斯多惠的教育著作。19 世纪，第斯多惠意识到当时的德国教育教学领域存在一些问题，许多教师缺乏教学实践理论的指导，在教学中不知道使用何种教学方法，不知道如何使用教具，第斯多惠认为自己应该写一本书对这些问题进行解答。因此就有了《德国教师培养指南》这本书。在书中，第斯多惠反对当时德国教育目的中存在的狭隘民族主义倾向和浓厚的宗教主义色彩，提出"全人教育"的思想。所谓"全人"指的是能自由思考，以追求真、善、美为崇高使命的全面和谐发展的

---

[1] 第斯多惠著，袁一安译，人民教育出版社 1990 年版。下文未注明文献来源的引用均出自该书。

人。这也是今天我们所追求的教育目标。这部指南对今天的教师也有很大的启发,作为一名即将踏入教师岗位的师范生,阅读这本书,仿佛就是第斯多惠在给我上课,教我如何成为一名优秀的教师。

一、教师与自我:自我教育

第斯多惠在书的开篇提出了人应该完成的至高无上的使命和目的:"……将人带到世上来,为的是叫人完成自身完善的使命……造物主才决定给人类提出了一个至高无上的生活目的,使人类通过完成自身的使命,最后达到这一至高无上的目的。"P14 那么如何才能实现自我完善呢? 第斯多惠认为人的自身完善,至少包含两层意思:一是人是需要不断完善的,人应将自我完善作为奋斗的目标,真、善、美是人的完善的三个重要维度,"人类必须以毕生的精力献身于真、善、美"P19;二是人的完善最终要通过自身的努力来完成和实现。那么本书的主人公——教师,他们的使命与任务是什么呢? 人类的最高使命是追求真、善、美,教师亦如此,他们也有自我完善的使命,然而,在自我完善的同时,第斯多惠告诉我们,"教师要使别人获得真正的生活,就得发动别人去追求真、善、美,最大限度地发挥他们的天资和智力"P23——这就是教师的使命与任务,即教师不但本身要进行自我教育,自我完善,同时还要培养别人。教师担负着自我教育和培养别人的双重使命。教师的自我教育,是完成培养别人这一伟大使命的前提和基础。而第斯多惠所说的教师的自我教育不仅仅指扩充自身的知识储备,这是一种片面的浅见。身传重于言教。"一个好教师从个人和别人的许多宝贵经验中切身体会到,一个人要有所作为,与其说是用本身的知识去影响人,还不如说是用自己的思想行为来培养教育人。""最有教学意义的直观学科和最生动的实例对学生来说都体现在教师身上。……教师的人格会给教师带来威望、权力、影响和力量。"P24 教育是一项影响人的事业,学生都是具有向师性的,教师劳动具有示范性的特点,优秀的教师都要做到为人师表,表里如一,言行一致,用自身的榜样示范作用和人格魅力,赢得学生的喜爱和尊敬,从而让他们效仿教师。往往教师的一个动作、一句话都有可能影响学生的一生。

在第一章的结尾处,第斯多惠殷切地对想要做教师的人提出忠告:"凡是不能自我发展、自我培养和自我完善的人,同样也不能发展、培养和教育别人;教师只有先受教育,才能在一定程度上教育别人;教师只有诚心诚意地自我教育,才能诚心诚意地去教育学生。"[P24]教师这一职务不是任何人都能担任的,只有真心热爱,对教育事业保持纯真的热情,愿意为这项事业奋斗终生,并能将自我教育作为崇高使命和任务的人才有资格做教师。书本的第一章就可以看出第斯多惠认为教师的自我教育非常重要。

做一名教师光有一腔热血和激情是远远不够的,要追求真理,对真理推崇备至,以追求真理为乐,读书则是追求真理的有效途径。第斯多惠认为教师要多读书、读好书,吸收书中先进积极的思想理论,汲取其中的精华,增进对人生、生活的理解,并在实践中检验书中的真理。只有通过这样的行为进行自我完善,教师才能担任起教育他人的重任。对于教师应该如何去读书,第斯多惠提出了七点切实可行的建议。

(一)学习要有重点

现代教师每天的工作非常繁忙,不仅要备课、上课、批改作业,还要忙于学校的各项事务。一天下来,留给教师自己的时间少之又少,可能只是一些碎片化的休息时间,教师进行自我提升不仅需要恒心、毅力,也需要掌握高效的方法,因此第斯多惠提出要特别学习那些有独到见解且有争议的文章,大多数文章都是对一些普遍认可的观点进行重复论述,只有这种有独特见解的文章才值得重点关注,教师在阅读这些文章时,会被里面独到的观点所吸引,从而引起教师自身的思考,迸发思维的火花。

(二)集中时间和精力学习一门专业

第斯多惠提出循序渐进的学习原则,切不可同时学习几门专业,否则无法学精学透其中任何一门专业,最终都只是泛泛地了解,这样的学习方法是不可取的,既耽误时间也没学到知识。他建议集中时间和精力学一门专业,将其吃透,再进行下一门专业知识的学习。

(三)学习要扎扎实实

第斯多惠认为最好的读书方法是从个别到整体的学习过程。"在初读一本书时要彻底领会和理解逐段逐句的意义,彻底理解每一个概念的含义,如果有些地方看不明白,就要在这些模糊点上多下功夫,反复琢磨,反复研究,融会贯通,直到全面掌握为止。"[P42] 看书切不可走马观花式浏览,对于文章中的每一句话都要理解透彻,不能知难而退,应当知难而进,如果对自己所学专业的知识一知半解,就会在教学中混淆概念,难以明辨是非,很容易误人子弟,造成严重的后果。因此,无论读什么书,教师都要扎扎实实地了解文中的每一句话,不能理解的句子,放一放,或许过段时间就会豁然开朗。同时,不要割裂文章的语句意思,要融会贯通,厘清整篇文章的来龙去脉,并且要将文章中的理论观点落实在自己的实践中,在实践中去检验知识的真伪。

(四)学习应温故而知新

我们阅读一本书,不可能在短时间内完全理解文中的全部内容,随着时间的流逝,有些观点也会被我们遗忘,因此,当我们碰到一本精彩的、好的书籍时,可以在不同的时间点将它拿出来反复阅读。在不同的时期阅读同一本书,你会发现一些之前被你遗忘的信息,且你可能会对书中的一些观点有新的思考与理解。

(五)边读边摘录与所教学科不相关的书籍

现代社会网络科技发展迅速,如果教师还是局限于自己的所教学科,闭门造车,一定会被时代、被自己的学生所抛弃。为避免这种状况的发生,教师要同时涉猎一些其他学科的知识。因此,第斯多惠建议的方法是边读边摘录,抄写在笔记本上,做到古为今用,人为我用,空闲时间思考你所记下的精神财富,并与别人探讨和交流。

(六)与人合作学习

第斯多惠强调教师要与别人合作学习,在学习教材时与志同道合的朋友和几个勤奋好学的学生共同备课,详细研究和讨论教材的内容。教师集中在一起共同探讨,共同备课,共享教学资源,得到的东西远比自己行动得到的多。在我国许多的学校中,也会定期举行教研活动,将一个年级的教师聚集在一起,汇报自己近期的教学心得,共享教学经验,共探教学问题。这样的教学活动在很大程度上有助于教师进行自我反思,并汲取其他教师的优秀经验,促进自身教学能力的提升。在这一点中,他还强调口头讲课的重要性,他认为将自己的思想写在纸上较容易,用语言表达出来则需要较高的口语表达能力,这一点我是非常赞同的。教师设计出一份好的教学设计固然是非常重要的,但是,作为一名教师,较好的口语表达能力,以及通过自己的语言表达,让学生明白自己所讲授的内容同样至关重要。在我国许多师范学校中,也会开展教师语言艺术相关课程,这对于师范生来说是非常有必要的,具备了较高的语言艺术,才能将自己的专业知识更好地传授给学生。

(七)将所教的学科作为学习的核心

第斯多惠认为教师不管是在工作时间还是在业余时间,所做的一切事情都要与自身的发展联系起来。教师在空闲时间可以看一看小说放松身心,然而,时间对于教师来说非常宝贵,要选择那些有教育意义且能清醒头脑的文学作品,从而起到活跃思维的目的,在教学中创新教法,提升学生的学习兴趣。

第斯多惠为教师如何阅读专业领域书籍提出了非常实用的建议,同时,他对教师阅读何种书籍给予了建议,他强调教师要学习普通教育学知识,即教育学、教学论和方法论等理论知识。教师仅仅掌握专业知识是不够的,他们面对的是一群正处于发展中的学生,将自己所掌握的知识传授给学生需要具备一定的教育理论知识,这些课程帮助他们处理教学中遇到的一般问题。当教师具有了相应专业知识和普通教育学知识后,需要通过教学实践综合运用这些理论知识,以提高自身教育教学能力。

在"终身学习"这一概念尚未形成的年代,第斯多惠就提出了教师要通过自身努力不断地进行自我教育,可以说,他的思想非常先进。从我国的教师培养来看,20世纪七八十年代教育以"双基"为目标,教师都注重培养学生的知识与技能,因此,许多教师只注重掌握专业知识,认为这已经足够支撑自己的教学工作。然而,现在社会对教师的要求早已发生改变,社会对教师的要求从"要给学生一杯水,自己要有一桶水"上升到了"要给学生一杯水,自己要有长流水"。教师的示范性同样对教师提出了不断进行自我教育的要求。教师要为学生树立对知识孜孜以求的榜样形象,不断补充新知识以满足学生和社会的需求,提升自身学习水平和教学能力。教师学习的速度一定要快于学生学习的速度,这样的教师教育出来的才是符合时代要求、完善且身心全面发展的人。

随着社会经济的快速发展、科技的进步,人们获取知识的途径多种多样,非常便捷,教师只传授一般性知识给学生是远远不够的,教师要形成自己的教学风格,创造性地开展教学,不断探索适合学生的教法和教材,投入实践,反思和总结,摸索出适合学生成长和发展的教学路径。新课改以来,学科整合成为趋势,教师既要不断地学习本学科的前沿性知识,也要打通学科间的壁垒,结合教学有选择性地学习相关学科知识,拓展自身知识的广度和深度,提升认知水平。

二、教师与学生:基于学生的天资特点考虑课堂教学

第斯多惠认为人的天资是每个人本身能力和活动可能性的基础,每个人都有属于自己的天资,天资的发展要靠自身内部的活动和努力来获得,从外部只能受到刺激,在有利的条件下天资就容易被激发。第斯多惠认为,"一切教育和课堂教学的首要任务,就形式而言就是启发学生的主动性"。[P89] 因此,教师培训的首要任务就是要求教师学习有关天资发展的特点,认识到每名学生的天资特点,天资唤醒得越早越容易发展,通过教学促进他们的天资得到全面发展。第斯多惠提出了33条教学规律和规则,认为教师应根据学生的年龄和学生所处生活环境的不同,遵循不同的教学规律和原则。

(一)有关教学方面的教学规律和原则

教师根据学生的观点,采用客观教学法,客观教学法即课堂教学紧密结

合人的天性和自然发展规律,教师要了解每个学生的天资特点,意识到学生之间在知识水平、年龄特征等方面具有差异,站在学生的立场上,以学生的原有水平为教学的出发点,探寻适合学生天资发展的教学技巧,因材施教,促进学生的全面发展;促使学生的特长得到更好的发展,帮助学生弥补不足,增强学生的自信心,让学生认识到自己的优势所在。

(二)有关教材方面的教学规律和原则

第斯多惠提出,要根据每门学科的性质特点、逻辑,以及学生的观点、年龄特征、接受水平等来进行教材内容的编写。教师对教材内容要反复讲解,把知识分层次、分阶段讲清楚,让学生反复练习,温习,巩固知识。且第斯多惠认为好的课堂教学不仅要传授学生知识,更要教给学生学习的方法。

(三)有关外部因素方面的教学规律和原则

第斯多惠认为,教学应适应自然、文化与环境等外部条件,教育不是孤立存在于社会之中的,社会的经济、政治、文化等都会对教育产生一定的影响,教师在教学中要考虑到这些外部因素,教学要与学生生活相结合,便于学生今后更好地融入社会生活。

(四)有关讲解方面的教学规律和原则

第斯多惠认为教师的素质决定课堂教学的成功或失败。教师的讲解要使课堂富有吸引力,教师本身要活泼,精力充沛,尽情地展示自己的个性,把课文讲得妙趣横生,吸引学生的注意,引导学生产生浓厚的学习兴趣;教师的讲解应表达清晰,富有逻辑,使学生能够形成正确而清晰的理解;教师讲解要有重点,让学生明了课堂内容重点所在。

作为一位民主主义教育家,第斯多惠十分强调对学生主体的尊重,书中的许多观点都体现出以学生为主体的思想,如按照人的自然发展阶段进行课堂教学,站在学生的立场上进行课堂教学等。以教师为本位的教育模式,忽视了学生的主体地位,忽略了学生个性的全面发展,是当下的教育要注意避免的。《国家中长期教育改革和发展规划纲要(2010—2020年)》明确指出,教育活动要"以人为本",面向全体学生,促进学生的全面发展,着力提高学生服务国家、服务人民的社会责任感,勇于探索的创新精神和善于解决问题的实践能力。所以,教师在教育教学中,要以学生原有的知识水平作为教学的出发点,了解学生的个性特点和年龄特征,因材施教地对学生进行教学活动。

(1)学会倾听学生。

很多教师设计好教学过程,预设好课上所要提的问题,在课堂中,忘我地讲授教学内容,学生回答完问题就立马给出正确答案。但以学生为主体的课堂,不应该是这样的,教师要树立学生也有独特见解、解读文本的能力的教育理念,要鼓励学生大胆发表自己的见解,在学生回答问题时,要学会认真倾听,即使不赞同他的观点,也要给予鼓励,尊重他的话语权,若是学生回答不完整,要适当引导,帮助他厘清思路,完整清晰地表达自己的想法。有时,也会遇见学生有不一样的见解,超出预设之外的想法,教师要给予表扬,并就此问题在班级展开讨论,促使全班同学积极思考,发散全班同学的思维。真正有思维深度的见解不一定只有教师才能提出来,甚至学生的某些见解或许比教师的更高明、更精彩。因此,教师要鼓励学生大胆发言,不管对错,都给予鼓励和引导,这样才能激发学生的学习热情,增强学习的积极性。

(2)关注教学过程。

随着课改的深入,教学重点由关注学生成绩转移到了关注学生本身的发展。原先,分数本位的评价制度让很多的教师将教学的重点放在学生掌握了多少知识,取得了多少成绩,过于注重结果,而忽视了学生的发展,一堂课下来,学生一味地接受教师传授的知识,而没有自己的思考和探索。一切教育活动的出发点和落脚点都在学生身上,教师要关注学生的学习过程,在课堂中的体验和感受,给学生充分思考交流的时间,鼓励学生自己探索,主动探索知识的来源,大胆质疑,开拓学生的思维。

(3)注重课堂生成。

一节优秀的课是有生成性的,尽管教师会在上课之前精心备课,但真实上课时总会发生一些意外情况,是教师预料之外的,学生的回答不会按部就班地照着教师的设想展开,教师应该及时捕捉稍纵即逝的教学生成点,运用自己的教育智慧,适当引导学生,让学生对此展开深入探讨和思考,最终获得新的知识。一堂好课,是预设与生成的有机融合,教师不仅要提前设计好问题及答案,更要关注课堂中的生成,事实上,这对于教师自身水平提出了很高的要求,教师要有扎实的教学基本功,对教材足够掌握,充分了解学情,才能让课堂妙趣横生,产生教学目标之外新的教学效果。

教师应时刻以期待、信赖的心关注学生的成长,心中有学生,处处为学生考虑,让学生成为课堂的主体,鼓励学生畅所欲言,大胆探索,才能打破长期以来以教师为中心的观念,缩短师生之间的距离,让教育回归本真。

三、教师与社会:教师应妥善处理自己的社会关系

在第二编里,第斯多惠认为教师的社会关系就是教师和他的团体、上级以及同事之间的关系。教师的职务是神圣的,应当受到学生、家长、同事、上级及社会的尊重。教师的社会关系也是影响教师教学的重要因素。第斯多惠认为团体要主动地协助教师,而教师要服务于团体,关心地方上的利益,参加教育团体来提高人民的文化修养,通过社会评价来进行自我评价,反思自己的教学效果,从而提升教学能力;教师与同事之间要团结互助,取长补短,相互交流经验,共享教学资源,提升教学水平。

四、基于本书关于教师培养观的启示

《德国教师培养指南》是一本理论性很强的书籍,其中有许多话语至今仍闪烁着智慧的光芒,不过,正如作者本人所言:"知识不是万能的,也不是至高无上的。"教师学习各种教育思想,最重要的是要有自己的独立思考。书中的建议也许符合当时的时代背景,是作者投身教育实践得出的至理箴言,但全盘挪到今天的课堂之中并不适宜。读完这本书,我对于其中的一些观点也有了些思考。

第斯多惠在书中指出:"学生决不可学习他们还不能理解的知识……人

的智力和人的胃口一样,都有各自的特点。凡是胃开头消化不了的,过后也不会消化。"P142 所以建议教师不要教学生还不能理解的知识。学生是一个不断发展的个体,维果斯基提出的"最近发展区",指出了学生的发展潜力有两个水平:一个是学生的现有水准,另一个是学生可能的最近发展水准,即经过教育而达到的能力。二者的主要区别就是在最近发展区。老师在课堂中,若能给学生提出有一定难度的内容,可以充分调动学生学习的积极性,从而激发学生的思维创造力。

第斯多惠认为教师的社会关系是与他的团体、上级及同事之间的关系。我认为教师的社会关系还应包括与学生、家长及教师本人这三者之间的关系。面对如此错综复杂的关系网,教师要学会恰当处理。在处理与家长的关系中,教师与家长共同的心愿是帮助孩子健康快乐成长。老师在与家长之间的沟通交流中,需要主动发挥作用。老师的积极姿态会促使家长与其主动地交流互动,更好地协调教育工作,以便于共同帮助儿童健康地成长发展。在处理与学生的关系中,教师要爱学生,尊重、信任学生,将学生当成与自己地位平等的人来对待,尊重他们的意愿,主动倾听他们的想法,了解他们的需求,拉近与学生之间的距离。在处理与自己的关系中,教师要赢得社会的认可,首先要做好自己。要加强自己的师德修养,要不断提高自己的业务能力,树立终身学习的理念。

德国是世界上较早开展教师教育的国家。德国的教师培养过程包括三个阶段:职前培养、见习阶段和入职后的培训。在职前培养阶段,学生要学习三方面的课程:一是教育学科课程,即教育学、教育心理学、社会科学等方面的课程;二是专业学科课程,指两门以上执教的学科知识和相关的教学论;三是教学实践课程。在第一个阶段学习结束后,学生要统一参加第一次国家考试。通过第一次国家考试的学生可以申请进入见习阶段。在见习阶段,学生要独立上课,将职前培养阶段所学到的知识应用到实践中,还要参加教师培训中心(或教育学院)的集中学习和培训。在这个阶段结束后,具有教师资格的还要参加第二次国家考试。在职后培训阶段,教师可根据自身需要和个人意愿选择培训方式,有在职教师培训、继续教师教育、在工作中学习三种方式,教师有针对性地进行培训,解决自己在教学中所遇到的问题,提升自己的教学技能。由此可以看出,德国教师培养的模式非常完备,我们可以从中吸取经验。

第斯多惠所处的环境与我们当前教师所处的环境截然不同,但他的许多教师培养理论思想仍非常值得我们借鉴和参考。综观整本书,自我教育贯穿于第斯多惠教育思想的始终。教师的自我教育不是学校、学生强求的工作,而是教师基于自身职业要主动做的事。社会的内涵不断丰富,不断拓展,教师要主动地进行自我教育,适应社会发展,培养适应社会发展的学生。教师学习的内容必须不断丰富,不断拓展。教师不但要学习所教学科的知识,而且要学习教育教学的技能和方法,还要学习与教育教学相联系的方方面面的社会知识。教育与社会紧密联系,最终服务于社会。教师只有尽可能多地了解社会的方方面面,才能跟上时代的步伐,才能使自己的教育教学适应社会发展的需要,教育出来的学生才能在社会中有所作为。可见,教师从事的教育工作需要教师自我教育,需要教师持之以恒地自我学习。这是教师专业化发展所必需的,也是社会教育发展所必需的。作为教师,自我反思尤其重要。忙于教学,忙于教导人,却不反思自己,长此以往,会产生育人不育己,思生不思己,重工作不重自己的问题,忽视了自己作为育人主导的本体的自我认知、自我教育、自我发展、自我完善,这对自己和学生都是有害的。不会自我反思的教师,往往就不会发现自己的缺失,往往会自以为是,作茧自缚,不易接受新思想、新观念,不易改变自己习以为常的陈规陋习,不易改变自己不良的教学行为。这于今天的教育改革发展是相当不利的。不会反思的教师,不可能进行自我教育。在自我学习、自我反思的基础上,教师要更新思想观念,树立正确的教师观、学生观、教育观,运用理论知识指导自身实践,内化在自己的教学行为中,在自己的学习、工作、生活实践中不断思考,不断研究,不断加强自我修养,增强悟性,使自己的思想行为适合社会发展的需要。教师的自我完善,贵在严于律己,从点滴做起,持之以恒。应该说,教师的自我教育是实现教师自我提高、自我发展的最重要的因素,教师真正学会了自我教育,教育行为才能产生良好的示范作用和教化作用。现代教育不但要引导学生学会自我教育,更要引导教师学会自我教育。

第斯多惠在书的前言里写给福禄贝尔一封信。在信中,第斯多惠指出了福禄贝尔的期盼和希望:"你的'幼儿园'里,按照你的内在气质要求,把形形色色的孩子都统一教养起来,你最后希望每个团体都创办托儿所,你认为这是至关重要的,是重视自然规律和宇宙规律的,你希望所有团体都承认你的教育学说,并开始照着办,在大自然中饱览一切来代替阅读老八股文;你最后相信不久的将来全德国的农村都设立'幼儿园',亲爱的福禄贝尔,请原谅我,你是一个地地道道的'大傻瓜',你在合情合理地步人后尘。也许有朝一日人们会感激你,为你建立起一座'小小的丰碑'。"P12福禄贝尔与第斯多惠是处于一个时代的德国人,第斯多惠在信中亲切地称福禄贝尔为"大傻瓜",足以看出他们关系的亲密。福禄贝尔并非出身贵族,没有足够的社会影响力,再加上当时社会中旧制度、旧思想的桎梏,人们对于幼儿教育并不重视,所以福禄贝尔的理想在他的坚持下,始终没有得到社会的足够重视。可以说,他与第斯多惠身处同样的境地,第斯多惠在信中安慰福禄贝尔道:"将来——总有这么一天——亲爱的福禄贝尔,教育要发生重大的变革,到那时候人们才会回心转意,倾听你的主张,才会公正地对待你……"P12令人欣喜的是,福禄贝尔的学前教育事业虽然没有在他在世的时候得到很好的传播和发展,但是在十九世纪乃至之后,他的教育思想对世界各地都产生了重大的影响。

在信的最后,第斯多惠说道:"我本人也是身体力行,为了对你本人和你的艰苦奋斗表示真挚的友谊和热爱,现将本书的第四版奉献给你。看来上天还会让我俩活几年吧!尽管这一生风风雨雨,上天不负苦心人,会格外宠爱你的所作所为,你一生和我一样不会阿谀奉承……但我俩已经在一块肥沃的土地上播下了坚实的种子——终身坚贞不渝。就谈这一些。"P13即使身处社会剧烈动荡的时期,第斯多惠依旧坚持为教育事业的更好发展贡献自己的力量,依旧坚持传播自己的教育思想。正如他们所愿,教育在不断地变革,学者们一直在寻求更好的教育,相信我们的教育事业会更加蓬勃发展。

科学教育之我思

——读《普通教育学》 娄雪瑾

摘要：赫尔巴特是科学教育学之父，他的《普通教育学》是第一部具有科学体系的教育学著作。这本书是赫尔巴特科学教育思想的集中体现，撰写这本书花费了十年的时间，又修改了十年，是赫尔巴特多年辛苦的结晶。虽然时代在发展，但是赫尔巴特的科学教育思想对目前的教育还是具有一定的借鉴价值，因此有必要细细寻味赫尔巴特的《普通教育学》。

关键词：赫尔巴特；《普通教育学》；科学

我首次接触到《普通教育学》①是在考教师编的时候，事关一个重要的考点，再次遇到这本书就是在考研究生的时候。但是经过这两次的了解，我对它的认识还是只有作者是赫尔巴特和它的诞生标志着教育学的发展进入独立形态阶段这两方面。所以在研究生复试完，我就立即买了它。说实话，这本书中的语言比较高深，对于我来说，读这本书还是比较困难的。因此没看几页后，它就被尘封在了我的书桌上。这一学期，付老师给我们上"经典教育名著研读"课程，需要每个人自己选择一本教育名著进行精读并写下读后感，我就又重新拾起这本书。细细品味起来，赫尔巴特的许多科学教育思想还是值得我们借鉴的。下面我将从赫尔巴特的科学教育渊源、赫尔巴特的科学教育世界、个人思考和总结这四方面来展开我的读后感。

---

① 赫尔巴特著，李其龙译，人民教育出版社 2015 年版。下文未注明文献来源的引用均出自该书。

一、赫尔巴特的科学教育渊源——哲学

赫尔巴特曾对《普通教育学》做出如下点评:"这本书的产生,是出自我的哲学思想,同时也是根据我的哲学思想,利用各种机会,收集并整理了我精心安排的观察和实验的材料。"赫尔巴特的一生差不多都围绕着哲学。幼年的时候赫尔巴特遭遇过一个意外,导致童年时期身体素质不是很强,他的母亲就请了一位家庭教师,这位教师就是哲学家于尔岑,也就是在他的教育下,赫尔巴特对哲学萌发了兴趣。之后他根据父亲的建议,进入耶拿大学学习法学,但是,入学那年,正巧费希特开始在耶拿大学任哲学教授,赫尔巴特被哲学深深吸引住了。毕业后,赫尔巴特第一份工作是前往瑞士做家庭教帅,这份工作为他积累了大量的教育经验。接着,1805年,他在格丁根大学讲授哲学。1808年,他在给一个朋友的信中诉说了对当时格丁根大学的厌恶,想逃离这里,也就是在这一时期哥尼斯堡大学向他发出了邀请,他很愉快地接受了。他在哥尼斯堡大学讲授的哲学课受到了学生们热烈的喜爱,座无虚席。但由于政治的影响,加上那里的天气不适合赫尔巴特居住,他产生了离开的想法。最终他又回到了格丁根大学讲授哲学。哲学贯穿着赫尔巴特的一生,也正是在哲学的影响下赫尔巴特的科学教育思想萌生了。

二、赫尔巴特的科学教育世界

《普通教育学》这本书出现在1806年,正是赫尔巴特在格丁根大学讲授哲学的时候,这本书蕴含了赫尔巴特很多的科学教育思想。对于这本书,我们一般就叫《普通教育学》,但其实这不是它的全称,它的全称是《从教育目的引出的普通教育学》。《普通教育学》主要分为绪论、教育的一般目的、兴趣的多方面性和道德性格的力量。绪论中第一句话就吸引了我,赫尔巴特说道:"通过教育要想得到什么,教育要求达到什么目的,这是由人们对事物的见解决定的。"[1]这不就是我们现在所说的,你有什么教育理念,你教出来的学生就是什么样的,所以教师务必要有科学的教育思想。下面就对《普通教育学》中的

科学教育思想做简要述评。

(一)教育需要科学的"内生"

我们的教育要使学生有科学的"内生",赫尔巴特认为,要培养学生五种道德观念,以及要对学生进行道德教育,也就是训育。

1.五种道德观念与教育目的论

我们知道赫尔巴特教育目的论的理论基础就是五种道德观念。第一种是自由,第二种是完善,第三种是仁慈,第四种是正义,第五种是公平。这个"自由"不是我们一般认为的空间上的自由,而是"内心自由"。一件事我想干或者不干完全听从于我的内心,而不会受到其他外在因素的干扰,这样就能使得人的意志、理性和外显的行为保持一致性。赫尔巴特认为,假如道德实践只是借助于道德他律,借助于一味附和外来的主张来实施,那么,这种实施便是懦弱和苍白无力的。这样的自由让人的意志与行为之间不会产生任何的矛盾和冲突。人们的头脑中有一个清晰的目标,意志坚定,不动摇、不犹豫。"完善"给了我们一个衡量人的意志所应达到的限度的正确尺度。在实践中,我们发现要将人的意志、理性和外显的行为协调起来很困难。这时候"完善"就要发挥作用了,我们需要运用到多方面的意志力和坚强的毅力去调和。"仁慈",我们也叫它"绝对的善",当我们依靠我们内部的理智还是不能调和意志和行为之间的矛盾的时候,就需要借助"仁慈"了,从而使其不与其他人产生危险的冲突。"仁慈"使得自己的意志与其他的意志相互协调,时刻为了别人着想,一直想着无私地为他人谋福利。"正义"指的是我们要遵守法律,如果"仁慈"不能防止人与其他人之间发生冲突,就需要凭借"正义",依靠人们一起制定出来的法律条文。"公平"也可以称为"报偿"。当"正义"的力量太薄弱,不足以解决不同意志之间的冲突时,就需要凭借"公平"了。对那些故意犯错误、干坏事的人一定要他受到应有的惩罚。由此,我们可以看出这五种道德观念是一层一层递进的,并且越到后面,包含的道德自律成分就越少,道德他律的成分就越多。在赫尔巴特的眼中,他认为这五种道德观念应该是人人共有的。因为这五种道德观念几乎包含了人类的所有美德。因此,赫尔巴特认为我们对孩子们进行教育的目的就是灌输给他们这五种道德观念,这样人人都具有完美道德品质的目标就有可能会实现。赫尔巴特把这一目的称为"道德目的"或者"必要的目的",这是教育最终和最高的目的。除了这个目的之外,赫尔巴特还提出了一个"可能的目的"。由于儿童长大以后会面临职业的选择,我们现在也是一样,作为教育者就需要考虑到这点,要为他们的将来做好准备,要使他们对多方面事物都产生兴趣,使得儿童能够获得"一切能力的和谐发展",这样他们长大以后才可以有很多的选择,而不是像无头苍蝇一样,不知道干什么。我对这点深有感触。

2.性格观与训育论

赫尔巴特教育体系的主要部分分为三类:管理、教学和训育。管理是基础,只有管理好了,才能开展教学和训育。而训育用我们现在的话来说就是道德教育,在整个教育活动中占很大的比重。在探讨教学和训育的关系上,赫尔巴特曾说:"我想不到任何无教育性的教学。"也就是教学永远具有教育性。教育性教学,换种方式来说就是教书育人。我们要通过教学来培养学生多方面的兴趣。教育性教学在现在可以理解成经过教学不仅使学生获取科学知识和技能,还要使学生的身心得以健康发展,培育其完整的人格。一个好的教师,是在教书和育人方面均能给学生深刻的影响的。

训育换种通俗易懂的方式来说就是道德教育,在整个教育活动中几乎都有存在。他认为道德教育的益处有两方面:一方面会直接影响儿童的心灵,另一方面也可以指导他们的感情、愿望和行为,利于他们形成良好的性格。影响良好性格形成的因素有三个:行动、思想范围、素质。行动,赫尔巴特认为性格的原则是行动,行动有两种形式:一种是人的行动,也就是外部行动,还有一种是意志行动,也就是内部行动。人为什么有行动?是由于内心的欲望。这个欲望又从何而来?首先可能是来源于动物的本能,其次可能来源于我们对于这个事物的兴趣。意志行动是道德性格的基础,有何种意志就有何种性格。思想范围,赫尔巴特曾说:"假如缺少内部的可靠性,缺少智力兴趣,缺少思想积累,那么兽欲就有了活动余地。"错误的意识对于性格的客观部分和主观部分都是非常有害的。因此,我们可想而知,教育中最基本的部分是"思想范围"的形成,那教师就需要重视它,要了解思想范围中的有利因素和不利因素。素质,在赫尔巴特看来,人人的素质都不一样,具有差异性。首先,我们的身体健健康康是基础,接着,心性的差别在于人的心灵状况是否是稳定的。赫尔巴特认为,我们有必要进行教育的人应该是这样的:注意力牢牢集中在已知事物上,不会由于其他事物的新奇而对其他事物产生兴趣。

训育的作用主要有两个。第一,赫尔巴特觉得,青少年的想法不是固定不变的,而是多变的,可能一会儿的时间就不一样了,这时候就要借助训育了,帮助他们维持住原先的想法。他把这种维持称为抵御和持续。这种维持需要满足两个条件:一是通过管理,让他们服从于此;二是借助家校合作以及与其他教育力量的合作。训育起决定作用,这个最终的决定还是由学生自己来做出,教师只需加以引导。除此之外,训育还起调节作用。

赫尔巴特认为,训育、管理和教学需要相互配合,但是,训育也有独特的方法。首先,陶冶。训育具有陶冶性。而管理一般是通过比较严厉的方法来进行,例如通过压制、强迫和惩罚等方法迫使学生服从。其次,赞许和责备。在教育教学中,教师要对学生做出的努力有一定的好的答复,给予赞许,这会成为他们继续前进的动力;给予责备,可以防止他们继续错下去。教师还需要有一双敏锐的眼睛,发现学生的闪光点,找到学生的善良特征,用一个火花燃起另一个火花。

(二)教育需要科学地"外促"

我们的教育需要科学地"外促",赫尔巴特认为要对儿童进行管理,同时教师要培养学生多方面的兴趣。

1.性恶论与管理论

赫尔巴特认为儿童从一生下来头脑中就有不服从的意识。他认为这种意识是有害于儿童的,儿童不遵守社会秩序的原因往往就是这个。这就是他们不听从大人对于他们的安排的源头,这会导致儿童没有建立起良好的人格。儿童头脑中不服从的意识需要在一开始就得到遏制,因为它会一直存在于儿童的身上,并且可能会随着年龄的增长而扩大,而儿童管理就可以用来遏制这个意识。赫尔巴特认为假如我们对儿童进行管理,就可以有效防止儿童做出违背道德的事。赫尔巴特觉得儿童管理犹如教育上的缰绳,教师必须要牢牢抓住它。他曾说过:"如果不紧紧而灵巧地抓住管理的缰绳,那么任何课都是无法进行的。"儿童管理是顺利开展教育教学的首要条件。如果我们"只教不管",那么教学就不会很有效,同样,如果我们"只管不教",就会使学生感到被压制,不利于他们心智的健康发展。赫尔巴特的这个观点有一定的合理性。俗话说:"没有规矩不成方圆。"教育脱离管理,就会变得杂乱无序。目前,学校中大多采用班级授课制,班级管理就成了头等大事。只有在管理好班级之后,才能顺利开展教学。就比如,在面对一个新的班级时,第一节课教师都会说明这节课的上课规则,以便接下来顺利在课堂上进行教学。因此,在适当的时间进行适当的管理可以保证我们顺利开展教育教学,主要的管理方法有:监督、权威与爱。第一,监督。孩子生下来,为人父母是有相应的责任的,不仅法律上是这么规定的,道德上也是这样约束的,父母如果不监督孩子,不对孩子进行教养,放任孩子自由,那一定是培养不出孩子伟大的品格的。但是频繁使用监督也会造成很大的危害。对于老师会形成负担,本来上课备课就足够劳累,还要增加监督。学生会产生逆反情绪。双方都会对它产生厌恶之情。同时,过多地使用监督,儿童就会越来越缺乏自我控制力,经常使用监督,会使学生缺乏创造力,缺乏果敢,缺乏自信。第二,权威与爱。通过权威约束人不做出越界的事情,这种方式很适合管理具有活跃天性的人;爱在儿童管理中意义重大。一旦学生获得了爱,教师管理也会随之变得简单一些。那这种爱怎么产生出来?有两种方式:第一种是教育者必须投入自己真挚的感情,用一种巧妙的方式把自己的情感融入学生的情感当中,第二种是通过教育使得学生的感情产生变化,越来越靠近教师的感情。第二种方式相较第一种会比较难以实现,要与第一种相结合。总之对儿童需要严慈相济,以顺利开展教育教学,同时保护学生的心灵。

2.兴趣说与教学论

兴趣的反面是漠不关心。兴趣刚刚起来的时候,我们的内心就开始积极起来,但这时的兴趣刚刚被点燃,还没有转变为欲望和意志。表面上也就不会变得积极,还是消极状态,此时兴趣正处于观望和准备阶段。随着时间的推移,兴趣渐渐把人的整个心灵填充完整,随之形成了人的欲望与意志。我们生存的世界中有多种多样的事物,因此,应该要培养人多方面的兴趣。其实这么多兴趣我们可分为两大类,即"认识"的兴趣和"同情"的兴趣。"认识"的兴趣讲的就是我们认识周围事物,而"同情"的兴趣来自我们站在别人的角度去进行思考时。

赫尔巴特认为"专心"和"审思"组成了人的兴趣,"专心"是指人沉浸在一件事物中,不会被其他事物打扰,"审思"是指将专心得到的知识建立到自己原有的知识观念中。兴趣具有四个阶段:注意、期望、要求和行动。赫尔巴特依据兴趣的四个阶段提出了"四段教学法"。赫尔巴特把教学阶段分为明了、联合、系统、方法。在刚刚开始教学活动时,教师可以运用直观的教具,同时用一些简单明了的语言进行相关的解释。运用直观教具可以吸引学生的兴趣,还可以使他们在头脑中有一个清晰的表象,这就是"明了";教师可以与学生之间进行轻松的对话,启发学生将表象与原有观念建立联系,这就是"联合";接下来,教师通过概括和讲述定义、规则与原理等办法,使学生审思新旧观念的联系,并在此基础上形成新的概念体系,这就是"系统";教师让学生将已经体系化的新知识在实际中加以应用,来检验其是否有效,并通过反复练习来巩固新习得的知识,这就是"方法"。

赫尔巴特认为教学是唯一一种能够平衡地培养学生广泛兴趣的方式。同时,反过来,兴趣也会促进教学,兴趣使人产生内在动力,多方面的兴趣为学生产生多方面的内在动力,教学内容就可以变得丰富多样。因此,赫尔巴特提出了他的范围十分广泛的教学课程论。

赫尔巴特的《普通教育学》告诉我们教育要科学,教育学应该像心理学一样。要培养学生科学"内生",要对学生进行科学的"外促"。科学贯穿着赫尔巴特的教育思想。

三、个人思考

(一)赫尔巴特并不是纯粹的"以教师为中心"

不管是在考研的知识点中还是在考编的知识点中,都认为赫尔巴特代表着传统教育学,与现代教育学的代表人物杜威是相互对立的,赫尔巴特认为我们要以教师为中心,要以教材为中心,要以课堂为中心。其实赫尔巴特也不是所谓的"以教师为中心"。在书中他写道:"教育者在教育中不太会突然顽固地对学生提出他们很不愿意接受的要求与顽固地忽视学生的愿望,使教育变得像管理一样具有强制性。"[P24]同时他在书中也写道:"有时教师只需在某些事情上给学生以初步的推动,并继续注意引起他们的动机,给予他们材料,这样,他们就会自己进行学习,并且也许会很快摆脱教师的照料。"[P65]从这两句话中,我们可以看出赫尔巴特在教学上绝对不是一个纯粹的专制者,可以看出他也尊重学生。在教学中,教师扮演着一个引导者的角色,起的是促进的作用。

(二)教师职业的幸福感

赫尔巴特认为从事教师这个职业是幸福的,在书中他写道:"把迄今尝试中的全部收获,不论是教训还是告诫,集中地献给年轻的下一代,这就是人类在其繁衍的任何时候所能做出的最崇高的贡献。"[P3]我们常说教师是辛勤的园丁,传授给一代又一代中华儿女智慧,同时充实未成年人的精神世界。国家使命感让教师职业有了幸福感。俗话说:"少年强,则国强。"少年的成长、成才,离不开教师的教导。教师肩负责任,就是一种幸福。所以教师这个职业是伟大的,也是幸福的。读完后,我更加坚定以后我要成为一名人民教师。从事人民教师的一生是幸福的一生。

(三)儿童管理

赫尔巴特在书中提及的许多在儿童管理方面的事情与我们现在还是有

很多相似之处。赫尔巴特在书中说道:"'总有一天你会感激的!'教育者对啼哭的孩子说。而事实上也只有这种希望能用来为他迫使孩子掉泪做辩护。"[P27]"总有一天你会感激的"这句话到现在,很多的家长也都还在使用,当他们在责骂孩子的时候,常常会说出这样的话。但是最终结果真是会感激吗?也正如赫尔巴特所说,可能父母同样只是用这句话在安慰自己。这句话变成了双方安慰自己的工具。另外,赫尔巴特还说过:"教育者力求教育的普遍性,而学生是个别的人。"[P33]每一个学生都是独特的,与众不同的,都有自己的个性,教育者需要因材施教,在教育上是不可能找到普遍性的。就像2022年版的《义务教育数学课程标准》提道:"义务教育数学课程以习近平新时代中国特色社会主义思想为指导,落实立德树人根本任务,致力于实现义务教育阶段的培养目标,使得人人都能获得良好的数学教育,不同的人在数学上得到不同的发展,逐步形成适应终身发展需要的核心素养。"还有赫尔巴特曾说:"不要把儿童当作大人的娱乐品。"[P125]生养儿童并不是开玩笑,而是担负着很大的责任。儿童生下来并不是用来娱乐大人的,大人们需要对儿童进行负责任的管理,需要帮助其建立日常生活的严格规范,也就是我们现在所说的要让儿童养成良好的生活习惯。除了这些,赫尔巴特还说道:"假如需要一而再,再而三地提醒儿童,那么不应当用同样的方法提醒两次,否则因为第一次已经起过作用,第二次恰恰会失去效力。"[P141]这在我们现在也同样适用,与儿童的身心发展特点也是符合的。儿童缺乏耐心,注意力不集中,就像在一节课中,儿童真正会认真听讲的也就前半节课,所以在数学课堂中,可以在后半节课安排学生进行随堂练习,巩固前半节课的知识点,而不是讲解新的知识点。

(四)兴趣是教学的基础

俗话说:"兴趣是最好的老师。"赫尔巴特很重视教学中学生兴趣的激发,在书中他说道:"使人厌倦就是教学的最大罪恶。教学的特权就是掠过草地与沼泽,不能总是让人在舒适的山谷中游荡,相反将让人练习登山,并使人在获得广阔视野中得到补偿。"[P56]在课堂中,教师要激发起学生的兴趣,兴趣是教学的基础。有了兴趣,孩子们才愿意学下去。就像我曾经听小孩子说过:

"老师讲得很有趣我就听,不有趣我就在下面翻翻课本。"可见,激发学生兴趣至关重要。赫尔巴特在这句话中给了我们一种在课堂上激发学生兴趣的方式,教学的内容需要有一定的难度,不是学生轻轻松松就能够获得的,这样只会让他们感到无聊,并且当学生付出相应的努力时,要给予学生一些相应的回报,激励他们进一步学习下去。这让我联想到了维果斯基的最近发展区理论:为学生提供带有难度的内容,并且这个难度是学生努力一下可以达到的,从而调动学生的积极性,发挥其潜能。

(五)人与社会紧密联系

赫尔巴特认为,人一直在不断地交际之中。他曾说:"事实上,有谁在教育中想撇开经验与交际,那就仿佛避开白天而满足于烛光一样。"P55 人不可能不与社会联系,教师也是。赫尔巴特写道:"对于教师来说,再也没有比时常结识具有高尚性格的青年人,借以充分地了解他们富有接受教育的特点,更使他感到幸福的了。"P100 教师要与时俱进,要接触年轻的思想,就像现在学校里给刚进去的新教师结对,一般是资深老教师和新教师两两结对,这样一方面老教师有许多教学经验可以传授给新教师,另一方面,老教师也需要注入新的教育思想观念,相辅相成。他在书中还写道:"没有一个人能够单独地成为一个伟人,做出完美的贡献。"P93 任何人单凭自己的努力是很难成功的,必须要借助他人的力量。我们都是生活在社会里的人,不可能与社会割离开来,社会就像一张蜘蛛网,把每一个人都交织在一起,相互联系着。就像作家帕尔默在《教学勇气》这本著作中写到,教师要培养自我需要处于共同体之中,需要借助同事的帮助和支持,再进行自我的反思,逐渐开放自己的心灵。教师认知在共同体中,教学在共同体中,在课堂上,不以教师为中心,也不以学生为中心,应该以主体为中心。学习在共同体中,与一群志同道合的朋友一起去探寻真理。那在学生学习中我们就是要强调合作,在2022年版的《义务教育数学课程标准》中也提到,学生的学习应是一个主动的过程,认真听讲、独立思考、动手实践、自主探索、合作交流等是学习数学的重要方式。合作能产生共赢。

(六)自知的重要性

每个人都需要对自己有清晰的认识,赫尔巴特在书中写道:"在道德的决定中必须加上自我观察,就像小前提必须归入大前提之中一样。在这一点上,相当程度依赖对个人自身的正确理解。谁错误地判断自己,谁就有损害自己的危险。"[P115]不仅在道德上是如此,在其他方面同样也适用。现在我是一名师范生,将来会成为一名人民教师。教师对自我的认识同样十分重要,教师要有一个清晰的自我概念,帕尔默在《教学勇气》中提到教师要有自身认同。帕尔默在书中说道:"真正好的教学不能降低到技术层面,真正好的教学来自教师的自身认同与完整。"[①]他举了这样一个真实的例子:艾伦和埃里克有着相同的出身,受着相同的教育,有着相同的职业,但因为对自我认同的缺失,一个将自身的才能融入教学中,将自己所拥有的乡村生活经验视作财富,一个掩饰自己的手艺,为自己的出身感到惶恐与不安,两个人在人生之路上分道扬镳。对自我的认识不仅能对学生有深入的了解,还能将所教的学科融入自我的经验中。同理,在其他的职业中,我们也需要对自我有一个明确的定义,了解自己到底是谁。

四、总结

阅读名著等于与名人对话。我非常赞同这句话。在阅读名著的时候,就相当于拥有了一次和名人进行思想碰撞的机会。如果我没有像现在这样仔仔细细地阅读赫尔巴特的《普通教育学》,单单凭借以前书中一个章节简短的内容,我或许只能简单地了解赫尔巴特具有什么教育思想,而现在完整地看了这本书后,就可以详细地了解赫尔巴特的著作背景、经历经验以及教育思想完整内容等。但是,任何的教育理论都不可能是完美的,我们可以看出赫尔巴特在《普通教育学》中蕴含的教育思想对于当今还是有帮助的,但也存在

---

① 帕克·帕尔默:《教学勇气》,吴国珍等译,华东师范大学出版社 2014 年版,第2 页。

一定的局限性，例如，教学阶段划分的机械性、对儿童本质认识的片面性等。所以我们要辩证地去继承和发展赫尔巴特在《普通教育学》中蕴含的教育思想，使得教育科学不断地向前发展。

辩证地看《爱弥儿》的儿童教育

——读《爱弥儿》 董方萍

摘要:《爱弥儿》①是西方教育史上三大里程碑式的著作之一,作为西方第一部以小说形式写就的教育论著,其有很强的可读性和教育性。通读全书之后,我对儿童教育部分比较感兴趣并且有所感悟。卢梭提出,儿童教育要慢下来,不要将儿童的童年生活逼得太紧;同时,儿童的最后一站才可以开始学习知识,并且要学习有用的知识。对于以上的观点我很赞同,但是结合现实,我对《爱弥儿》中的一些观点也有不同看法,例如爱弥儿的成长过程过于理想化。所以,我认为在读《爱弥儿》的时候要辩证地看待卢梭提出的观点。

关键词:《爱弥儿》;儿童教育;辩证

看《爱弥儿》这本书实在是让我感触良多而不知从何说起,这本书对教育的解读包罗万象,随便拿一个观点出来便很有意义。但是我在看的时候还是对卢梭的儿童教育思想更感兴趣。首先,儿童的教育要慢下来,我觉得是很富有诗意又很贴合自然发展的主题。在我们没有认真地去思索如何教育儿童之前,我们总是踌躇满志,恨不得一下子把孩子培养成才,可是孩子的发展不由我们做主,而是有他自身的规律的,我们要慢慢地摸索他的规律,给予他最好的引导。其次,孩子在学习知识的时候主要应该学习有用的知识,这在我们现在也是非常强调的,我们强调知识与实践相联系,只有把知识真正地运用到了实践之中去,这个知识才学明白了,这个知识才是有价值的。但是,《爱弥儿》毕竟是卢梭的

① 让-雅克·卢梭著,叶红婷译,台海出版社 2016 年版。下文未注明文献来源的引用均出自该书。

一家之言,所以我对其中的一些观点也有不一样的看法,比如纵观整个爱弥儿的成长过程可以感觉到,卢梭对爱弥儿的教育还是存在着很大的理想化色彩的。

一、全书简介

卢梭的《爱弥儿》共分五卷,他以自然教育为核心,根据儿童的年龄提出了对不同年龄阶段的儿童进行教育的内容、方法等。第一卷主要论述婴幼儿教育,他提出要注重婴幼儿的体能训练。第二卷主要论述儿童教育,他认为2—12岁的儿童的理性思维尚不能发展,在这个阶段主要发展儿童的感官能力和体魄。第三卷主要论述儿童教育的最后一个阶段,他认为12—15岁的少年已经有体能、感官做基础,就可以进行学习了,也就是进行智育。第四卷则主要论述青年教育,他认为15—20岁的青年感情充沛,也要进入社会,所以是进行德育的好时段。第五卷则是顺应人性和自然,主要是主张青年男女进入爱情婚姻阶段后的教育,在这部分中,他还论述了女子教育。

二、儿童教育要慢下来

卢梭在论述儿童教育的时候,非常注重儿童的身心发展,他主张应该在人年纪小的时候发展体能、健康、五感等。卢梭倡导"消极教育",主张遵循儿童的自然秩序,待儿童的身心得到充分发展之后再进行施教。在儿童最初的教育中,最重要的不是知识和道德,而是要防止他的心理沾染上罪恶,防止他的思想产生谬误,同时,成人和社会的要求不要太早地强加给儿童,这与他们的天性相违背。

(一)儿童时经历挫折是必要的

卢梭提出,孩子在小的时候应该经历挫折,而不是把他们当成温室里的花朵,对他们的一切都极尽呵护。首先,孩子在小的时候应该学会自己对周围的环境、对大自然进行摸索,在这种摸索之中可以慢慢地建立起他对周围环境的观念。孩子只有经历过这样的困难之后才会变得更加主动,更加不怕困难。其次,卢梭也在书中说道:"对苦难一无所知的人,将不会感受到人性的亲切、仁慈的温情,也不会感受到同情的美好。"[P97]这与人的欲望有关,每个人都有欲望,但是当人的欲望超过了他个人的才能之后,他会深陷在欲望的旋涡里,不可能得到快乐;要想能够快乐,就只有在人接近自然的时候才可以达到,这就意味着人不可以过分地追求欲望。

对于儿童来说,他们也会有欲望,会有需求,然而只有当他们提出真正的需求的时候,我们才可以满足他们。我们要注意不能教儿童看似礼貌的空话,因为这会让儿童用这些空话去控制他人,以便立刻得到他想要的东西;也不能对儿童过分纵容,当他觉得欲望太容易被满足后,就会滋生更多的欲望,最终总会有无法满足的欲望。正如卢梭所说,孩子还是应该在小的时候就经历挫折,让他们从小的时候就知道艰难,他们就不会有很大的欲望。

其实这个道理放在现在也是很好理解的,我们总是对孩子太过紧张,总是觉得他马上就要长大,他们长大了之后要在社会上遭受很多的痛苦,所以在他们小的时候就想竭尽所能地对他们好,以至于最后溺爱他们。可是很多的孩子,在这样的溺爱之下,反而好像窥破了人心,他们知道怎样能获得自己想要的,爸爸妈妈不给的,就找爷爷奶奶,爷爷奶奶不给的,就找外公外婆,反正他们总有方法去达到目的。在这样的溺爱之下,孩子变得更不像孩子了,我们原本是想让他们的童年变得快乐、幸福,却适得其反,让他们更快地使用了成人的思维,这不是在慢下来,而是在让孩子跑起来。思想在跑起来,身体却没有,这与一个人的自然发展是完全相违背的。

(二)儿童教育要慢慢来

卢梭在书中也提出,在儿童时期,教育的原则就是:"不要争分夺秒,要慢慢来。"[P108]因为当家长和老师急于求成的时候,就会急于把很多东西教给孩子,但是,孩子在2—12岁这个阶段是无法理解的,很多知识都超过了他们的经验所知,按卢梭的说法,这个阶段的孩子只能记忆而不能理解,我们过多地把知识教给他们,对他们以后的发展没有任何的好处,反而可能引起他们的反抗,例如说谎。

在我的印象中,有句老话是"孩子是最不会撒谎的",因为当他们可以自由自在地说话,没有必要撒谎,那么孩子是从什么时候开始学会撒谎的呢?是从他们认为他们不自由开始的。当家长、老师急于求成而没有顾及孩子,对孩子的控制和要求一多之后,就会导致孩子为了自由而撒谎,并且对于孩子来说,这并不是不理性和不道德的事情,因为他们这个阶段还根本不知道理性和道德是什么。

这不禁让我想到现在社会中的一些现象,甚至有些人把这种现象放大之后拍成了短片。一个孩子,父母为他规划好了一生的道路,对他极尽呵护,只要他按照父母规划的道路走下去,父母就觉得他的人生一定非常圆满,然而最后却不如人意;还有一个孩子,父母对他的管教很民主,从来不为他下定论、拿主意,把做选择的自主权交给孩子,这个自由的孩子反而有了一番成就。这个短片或许有艺术的加工,但是不得不承认,现在就是存在这样的情况,在控制欲很强的父母下,大多是走不进社会的孩子,一辈子浑浑噩噩。

所以当我们面对一个儿童期的孩子,不要把我们成人的思维强加给他们,要把他们当成真正的孩子去对待,让他们度过一个快乐而充实的童年,这对于孩子们来说会更有意义。

(三)惩罚的哲学

当孩子犯错的时候,我们也应该有一些反思。首先,卢梭认为讲大道理是没有用的,因为一大段的道理可能只有讲的那个人感兴趣,觉得自己说得慷慨激昂,对于听道理的孩子来说,听的时候可能听不明白,听完了也不会记住,听多了还容易产生逆反情绪。其次,当孩子犯错的时候,家长也应该要反思自己,其实很多时候并不是孩子犯错了。例如,卢梭在书中提到,孩子打翻了一个你珍爱的花瓶,你感到很是气愤,于是你就对孩子破口大骂,但是其实你要知道,这并不是孩子的错,他不知道这个花瓶会被他推倒,也不知道推倒之后居然就碎了。其实错的是父母,如果你可以预见到这个花瓶会被孩子碰倒而放得更高一些,那么他就不会碰倒花瓶了。所以,当孩子犯错的时候你可以多想想,到底是谁错了呢?最后,当孩子真的犯错了之后,你应该对他进行惩罚,可以用"自然后果法"。卢梭在书中举例,当他打破了他房间里的窗户,那就让风不管白天黑夜地都吹在他身上,不要害怕他受风着凉感冒。[P121]当孩子犯错之后,不要急于去责骂他,而是让他自己承担这件事情的后果,当他承担不住的时候,他就会知道,自己真的错了,不会再犯了。这个方法既适用于家庭教育也适用于学校教育。

(四)新手借鉴

卢梭的论述确实有道理,当然了,这些都要建立在适当的前提下。而对于新手父母和教师来说,这也很难做到,所以他竭力举了很多例子,我就其中感兴趣的分享几个。

第一,父母千万不要认为自己的孩子是个天才,并且不停地从中寻找一些似是而非的证据,而是要真实地根据他们的年龄来判断。你所谓的证据,可能并不是孩子的本意,只是你的曲解而已。很多父母都觉得自己的孩子是人中龙凤,根本接受不了自己孩子的任何一个失败。但是这样想之后,家长会因为没有梦想成真而感到失望难受,孩子也早早背上了本不属于他们的包袱,这在很大程度上会导致一个家庭的不幸福。

第二,卢梭认为孩子的童年应该是无所事事的,那并不是在浪费时间,相反,那是他们最忙碌的时候。但是我觉得现在很多家长应该是接受不了这个观点的,其实也很好理解,现在社会的竞争压力太大了,要想孩子以后不会输,就要从小的时候开始培养。但是我觉得卢梭这里说的并不是不培养,反而是要培养的,这可是一段最忙碌的时光。但是培养的方法其实不应该局限于那些课外班、艺术课等,孩子还有很多需要培养的东西,比如兴趣。我们都知道,兴趣对于任何一件事情都是很重要的,而在儿童阶段,有着更多的时间,可以接触更多的东西,就可以拓展出更多的兴趣点。而且儿童时期的想法也更加纯粹,当儿童碰到一个事物之后,他会自发地判断他到底是不是有兴趣继续下去,这是合乎他自身的规律的,也是合乎自然规律的。

第三,卢梭论述了身体与思维之间的关系。卢梭和洛克一样,都很注重身体素质,他认为"好的体质才会让思想运行起来简单且准确"[P173]。比如说他认为孩子的衣服要穿得宽松;孩子喜欢鲜艳就可以穿得鲜艳;要穿得简单舒适;不要带很多的配饰,可以戴轻薄的帽子;喜欢安静坐着的孩子可以相对多穿些衣服,活泼、喜欢运动的孩子则可以少穿些衣服;等等。另外,卢梭还认为,最好的催眠方法不是唱歌而是说教;最好的作息时间是日出而起,日落而眠。但是显然现在的孩子都做不到,那么我觉得对于孩子来说,晚上九点之前必须睡觉,早上七点必须起床也可以了。

第四,孩子的心智和身体应该被分别对待。孩童的心智难以与成人比拟,但身体可以(通过练习)。[P217] 所以说我们在这个时期培养孩子的时候应该要注意,他们的心智还很不成熟,你不能以成年人的思维要求他们;但是你可以尝试培养他们的身体素质,在这段时间里,只要通过合理的锻炼,他们的身体素质可以得到质的飞跃。所以在儿童阶段,我们可以多带领或者鼓励儿童出去锻炼玩耍,比如说家长可以在周末多带孩子出门去踏青游玩,老师也可以多鼓励学生进行课间活动,等等。

二、儿童应该学习有用的知识

卢梭在《爱弥儿》的第三卷主要论述了 12—15 岁的儿童,在卢梭看来,这也是儿童期的最后一阶段了。在这段时期中,可以明显发现,儿童的身体已经基本发育完成,他们在这段时间里很有力量,也很有能力。所以,在这段时间里,孩子可以进行知识学习,尝试进行推理,初步形成自己的观点和判断。

然而,知识是要学习的,但是也不是胡乱学习,卢梭也有自己的一套看法。他在书中不止一次地提道:"纯粹的理论知识几乎不适合孩子,甚至也不适合青少年的那些孩子。"[P274、P287] 在卢梭的理论中,他认为,教给孩子理论知识是最为愚蠢的。没有哪个理论知识是有趣的,能引发学生好奇心的,能启发学生去思考推理的,理论知识只会减少孩子的学习欲望,让他们变成麻木学习的机器。卢梭认为,教给孩子的知识应该是有用的知识,并且这个知识应该是孩子可以理解的,能引起他们的好奇心的,同时也是孩子自己可以学到的。

在对孩子的教育上，我们要让他们明白职业是没有高低贵贱之分的，只要能做出贡献的，就是有价值的，就是值得我们尊重的。

另外，教给孩子的知识应该是他们可以理解的，并且能使孩子产生好奇心的，这样的知识一般是由本能驱使的。所以卢梭提出，可以留意大自然的现象，从大自然的现象出发，引起孩子的好奇心，然后让他们自己去探索这个知识，自己去掌握这个知识。其实就是要走进生活、走进自然，从学生熟悉的东西出发，因为这些场景对他们来说是非常熟悉的，他们会对自己熟悉的事物产生疑惑，为什么我以前从来没有想到过，或者说为什么我以前从来没有这么想过，这样的思考会激发他们的本能，促使他们朝着这些问题去探索，然后发现一些知识。其实对我们现在的教学来说也是一样的，我们可以从孩子的生活出发，用一些真实的生活案例或者营造一个真实的生活情境，去引导他们进一步思考，最后在学习完这个知识之后再将其应用到生活实际中。这样的教学方法不但可以引起学生的兴趣，激发他们学习的动力，而且可以确保他们学习到的知识是真实有用的，是可以运用到日常生活中去的。

在论述了应该教什么知识之后，卢梭也对家庭教师提出了几点建议。第一，家庭教师应该要精心设计教学过程，引导孩子自己发现、探索知识，而不是直接就把知识放在他的面前，告诉他这就是他需要学习的知识，这一点和我们现在所倡导的探索式教学是相似的。第二，学习的知识也只能是他能理解的，比如孩子对几何感兴趣，那么你教给他的知识只到他能理解的程度就足够了，不要长篇大论地累述一些他根本听不懂的内容。因为那些他现在不能理解的，以后总能理解，不要急着把所有东西都教给他，那样会抹杀他的好奇心。第三，"一个人应该尽量用行动说话"[P283]。很多时候，孩子可能不明白为什么要学，然后就不想学，这个时候不要逼迫他，而是要找机会让他去实践，让他知道这个知识是有用的，没有这个知识他会在有些方面遇到困难，那么他就会自然而然地去学习了。第四，家庭教师必须要明白，在学习的过程中，"风险不在于他不懂，而在于他认为自己懂了"[P284]。这确实是很糟糕的事情，但是孩子自己或者说学习者自己往往感觉不到，反而是自我感觉良好，觉得自己确实什么都懂了，对于这一点，相信大家应该也是深有感触的。比如学生时代最为常见的选择题,正确率是1/4。很多情况下学生其实是一知半解,说不懂却也还懂一点,但是真的要去解答这道题目,其实不行,但是我们总是会去尝试一番,会花费大量的时间,最后的正确率还是只有1/4,甚至大部分的时候是0,因为我们总是在一番计算推理之后把正确答案给排除掉了,然后在两个错误的答案之中反复纠结。这其实就是孩子认为自己懂了,但是没有真正地掌握,这时就需要教师对儿童有比较细致的观察以及预先的意识,能够为他指出这个问题,这样才可以帮助他真正掌握相关知识。

最后,卢梭还提出,"教育最大的秘诀就是,文武之道一张一弛,让身体的锻炼和思想的锻炼彼此结合,互为调剂"。也就是说,在教育的过程中,孩子应该是劳逸结合的,不可一味地扑在学习上,那对孩子的学习是不利的,只有劳逸结合,孩子的身体和思维才能得到同步的发展,身体可以跟得上思维,不会因多思多虑而身娇体弱。

这是卢梭对孩子发展的论述,他认为经过这个阶段,孩子就会逐渐形成自己的观念和判断。

三、辩证地看卢梭的儿童教育

虽然《爱弥儿》是一本经典名著,其中有很多思想都值得我们去探讨借鉴,但也有所局限,我对儿童期这部分内容中并不是很认同的观点是卢梭描述的整个儿童教育过程过于理想化,以及卢梭和爱弥儿的身份使得他的教育存在理想化因素。第一,在文中,卢梭是一个家庭教师,爱弥儿是一个贵族中出生的孩子。这与当时的时代背景是有关联的,当时的贵族都喜欢请家庭教师对孩子进行教育,所以在描写对爱弥儿的教育过程时,卢梭不免还是存在着一些贵族思想,存在着一定的阶级局限性。第二,无论是在卢梭当时的社会还是在我们现在的社会,这样的教育都只有少部分人可以享有,所以我觉得这个教育的普适性程度较低,但是我们可以从中汲取一些有用的方面进行利用。第三,文中的家庭教师要一直陪伴儿童成长,并且主要是由他对儿童进行教育,这一点放在现在的时代来讲显然也是不合情理的。第四,卢梭前期让孩子远离了社会,进入了相对封闭的乡村,所相处的都是一些淳朴之人,但是后期还是要让爱弥儿成为一个生活在城市中的人的，那么中间的跨越和过渡是可以仅靠学习就能够完成的吗？所有的事情都不可能一蹴而就，而是要循序渐进的，对于孩子来说尤其如此，他们的接受能力并没有我们想象中的好。所以我觉得其实不必强调非要在乡村之中度过童年，才能让孩子少受到诱惑。在哪里度过童年应该都是一样的，没有好坏之分，因为任何事物总是有好处也有坏处的。

总之，《爱弥儿》是一本博大精深的书，通过阅读这本书，我产生了很多不一样的思考。比如说成人要尽量避免讲大道理。大家应该或多或少有这样的感觉：很多老师都比较喜欢讲道理。但是我在读了这本书之后才发现，对于孩子来说，讲道理并不是一种最好、最便捷的方式，甚至可能会引起孩子的逆反心理。因为在很多时候，所谓的大道理对那个讲的人来说是很有道理的，对于其他人来说就不一定了，而面对思维和成人不一样的儿童，这些晦涩难懂的大道理就更难以被理解了。

这本书中还有很多有意思并且值得我们去探索的内容，虽然其中有一些观念是我所不赞同的，但是，总的来说，我们依然不可否认它是一本很有意义和价值的书，特别是在家庭教育上更有其独到的见解。所以，我觉得《爱弥儿》这本书除了教师需要阅读以外，家长也可以仔细研读，从而对如何更好地教育孩子有所领悟。